Creare è sempre parlare dell'infanzia,
è sempre qualcosa di nostalgico.

Creating is always talking about childhood,
it's always something nostalgic.

Jean Genet

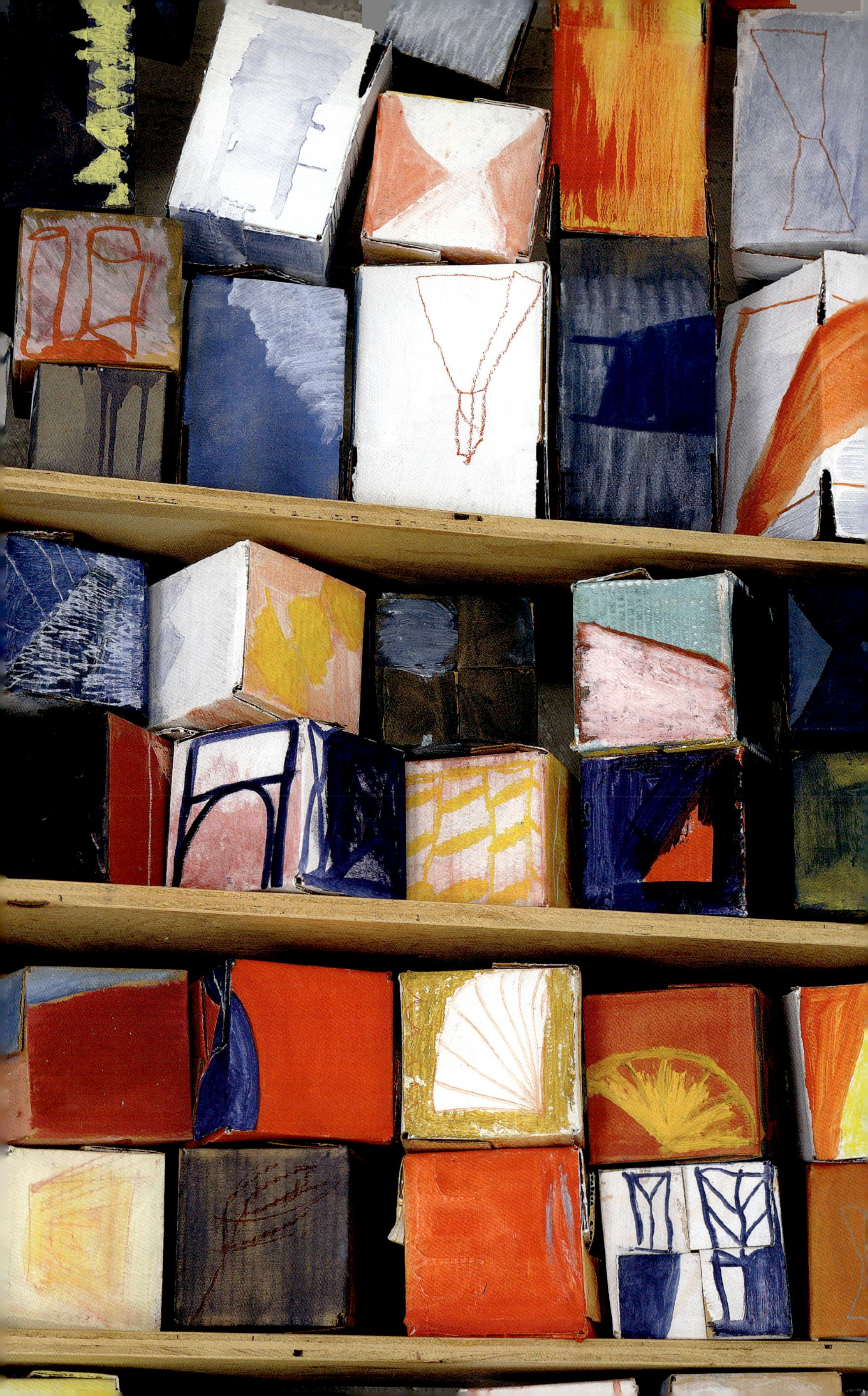

Doris von Drathen

Manuela Filiaci

CHARTA

Design
Gabriele Nason, Daniela Meda

Coordinamento redazionale
Editorial Coordination
Filomena Moscatelli

Redazione / Copyediting
Federica Cimatti
Emily Ligniti

Traduzione / Translation
Elena Cimenti
Roberta Cimenti
Barbara Dalla Libera *(dal tedesco*
all'italiano / from German to Italian)
George Frederick Takis *(dal tedesco*
all'inglese / from German to English)

Copy e Ufficio stampa /
Copywriting and Press Office
Silvia Palombi Arte&Mostre, Milano

Direttore editoriale USA /
US Editorial Director
Francesca Sorace

Promozione e Web / Promotion and Web
Monica D'Emidio

Distribuzione / Distribution
Antonia De Besi

Amministrazione / Administration
Grazia De Giosa

Magazzino e Spaccio /
Warehouse and Outlet
Roberto Curiale

Copertina / Cover
Something Absent, *2000*
p. 2
Real Cubism, *1993-1995*

Referenze fotografiche / Photo Credits
Kay Boecker
Humberto Nicoletti Serra
Jeff Sturges
Tom Warren
Larry Wheelock

Ci scusiamo se per cause indipendenti
dalla nostra volontà abbiamo omesso
alcune referenze fotografiche.
We apologize if, due to reasons wholly
beyond our control, some of the photo
sources have not been listed.

Studio Stefania Miscetti
via Delle Mantellate 14
00165 Roma
Tel. +39-0668805880
Fax +39-0668805880
e-mail: mistef@iol.it

Edizioni Charta srl
Milano
via della Moscova, 27 - 20121
Tel. +39-026598098/026598200
Fax +39-026598577
e-mail: charta@ chartaartbooks.it

Charta Books Ltd.
New York City
Tribeca Office
Tel. +1-313-406-8468
e-mail: international@chartaartbooks.it
www.chartaartbooks.it

Questo volume è pubblicato in occasione
della mostra / This volume is published
on the occasion of the exhibition

Manuela Filiaci
30 maggio / May - 27 giugno / June, 2009

Museo Nazionale di Villa Pisani
via Doge Pisani 7
30039 Stra (Ve)

I miei ringraziamenti all'indomita
e coraggiosa Stefania Miscetti, a Doris von
Drathen, per il suo intuito sensibile
e acuto, e ad Angela Dalle Vacche, Elena
Cimenti, Wendy Wipprecht, Nadine Covert,
Margaret Sheffield, Lauretta Vinciarelli,
Chiara Vigliotti, Sharon Stepman, Roberta
Cimenti, Luigi Girardini, Joe Hannah,
e Giuseppe Liverani con tutto il personale
di Charta.

Un grazie di cuore a tutti coloro che mi
hanno sostenuto e compreso attraverso gli
anni: Janet Abramowicz, Nancy Azara,
Gabriella Cardazzo, Corrado Levi, Patrizia
Moscatelli, Anne Marie Sauzeau, Rosma
Scuteri, Marina Urbach, Karole Vail,
Adachiara Zevi e certo tutti coloro che
hanno creduto in me e nel mio lavoro.

Grazie alla mia famiglia, e ultimi ma non
meno importanti, a Tomio e Julia che mi
hanno fatto riflettere così tanto sul
delicato equilibrio tra leggerezza e felicità.

My thanks to the courageous and
indomitable Stefania Miscetti, to Doris von
Drathen, for her sensitive and intelligent
insight, and to Angela Dalle Vacche, Elena
Cimenti, Wendy Wipprecht, Nadine Covert,
Margaret Sheffield, Lauretta Vinciarelli,
Chiara Vigliotti, Sharon Stepman, Roberta
Cimenti, Luigi Girardini, Joe Hannan, and
Giuseppe Liverani with the staff of Charta.

Heartfelt thanks to all who gave me
support and understanding through the
years: Janet Abramowicz, Nancy Azara,
Gabriella Cardazzo, Corrado Levi, Patrizia
Moscatelli, Anne Marie Sauzeau, Rosma
Scuteri, Marina Urbach, Karole Vail,
Adachiara Zevi, and of course all those
who believed in me and in my work.

Thanks to my family, and last but not least,
to Tomio and Julia, who taught me so
much about the delicate balance of
lightness and joy.

a Carlo

Sommario / Contents

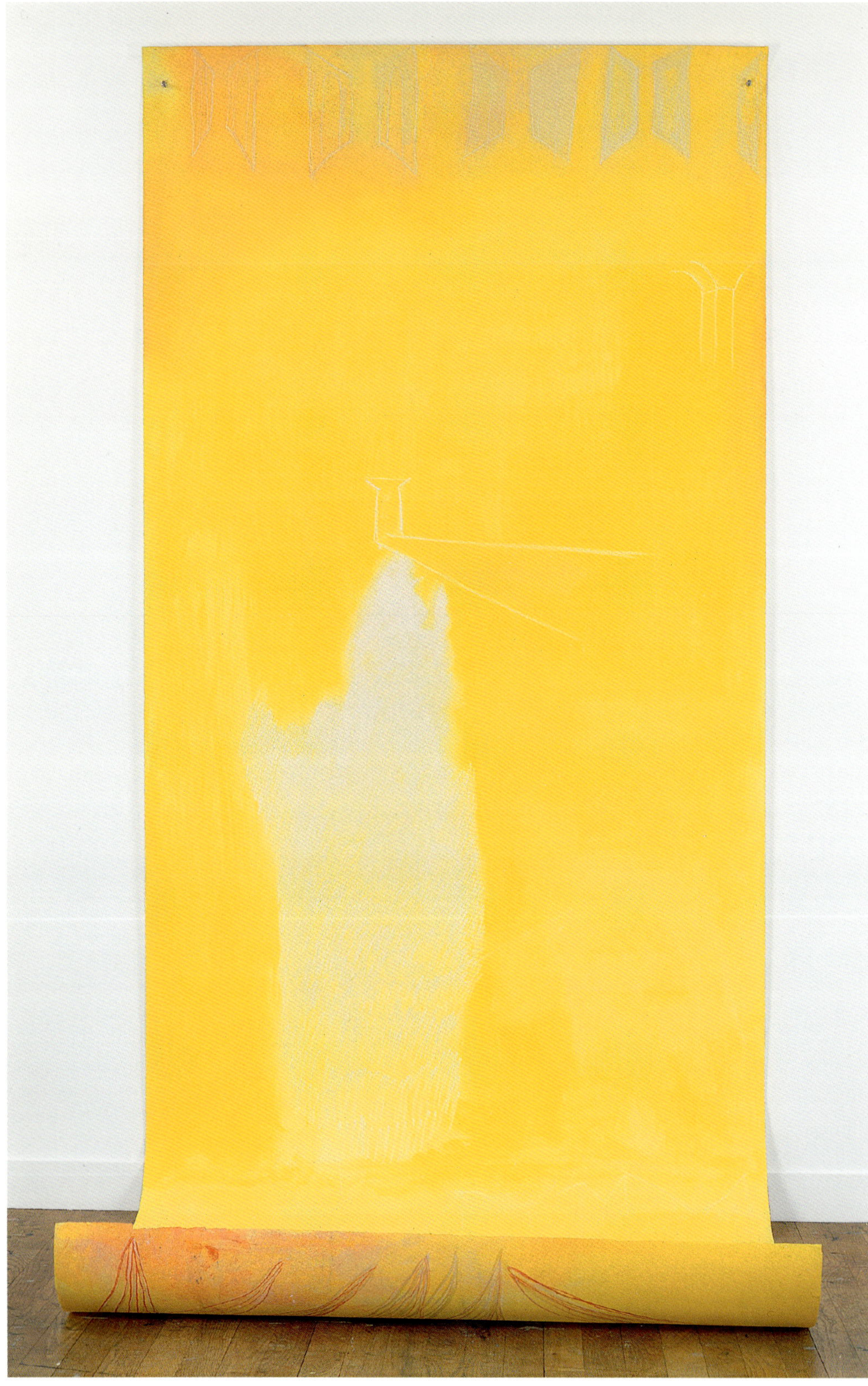

La realtà delle immagini

Doris von Drathen

Tanto poco sa lo spazio di come il Sole sorge e tramonta, così di come l'orizzonte limita il cielo e la terra, altrettanto poco sa degli assi coordinati con i quali lo disegniamo. Contrariamente alle nostre migliori conoscenze di una Terra che ruota e gira attorno alla stella fissa del Sole, di una curva terrestre che limita il nostro campo visivo come una linea che si sposta con noi, di una verticalità e un'orizzontalità che abbiamo inventato sulla base dell'esempio del nostro stesso essere nello spazio, siamo abituati a regolarci sulla base di immagini che descrivono altre realtà. Proprio come se quelle stesse immagini avessero una realtà propria, che alle volte risulta anche più forte della realtà fattiva.

L'immagine nell'immagine
Quando Manuela Filiaci ritorna con la sua pittura a queste immagini, rinnova la domanda sulla rottura del patto tra *logos* e *kosmos* e abbatte l'ordine delle nostre abituali strutture di superficie di spazio e tempo, i suoi lavori di carta, fissati alla parete con due chiodi, che si aprono srotolandosi fino a terra, i suoi spazi di colore di profondità ondeggiante resi con colori a olio su tela, oppure i suoi Vexierbilder[1] dipinti su scatole di cartone, riuniscono allo stesso tempo una grande radicalità e fragilità, come se non si trattasse di opposti.

Quando Rimbaud e Mallarmé nel diciannovesimo secolo con i loro versi "Je est un autre" (Io sono un altro) e "La vérité de la rose est l'absence de toute rose" (La verità della rosa è l'assenza di qualsiasi rosa) rompono, per la prima volta e in modo avveniristico, l'ordine tautologico di quella voce proveniente dal roveto, che poteva ancora dire "Io sono colui che sono", con il mezzo più semplice, vale a dire con un verso, hanno introdotto una modernità che da quel momento spalanca la fessura tra significato e oggetto, tra ciò che è descritto e chi lo descrive. Quando Manuela Filiaci all'inizio degli anni Settanta si trasferisce dall'Italia a New York, arriva in uno scenario artistico dove questa tematica appartiene già da tempo al classico e la rivoluzione viene piuttosto cercata nel tabù di performance trasgressive. Ma la pittrice italiana, che è cresciuta nella città del Palladio, Vicenza, e nel bagno di colori della pittura veneziana del Rinascimento, e ha intrapreso però la sua formazione artistica a New York, cerca qualcosa di diverso. A Filiaci riesce, con una naturalezza immediata, di passare dalla luce di Tintoretto, lo sfumato di Giorgione, la profondità di Tiziano, gli archi colonnati di Palladio a una pittura contemporanea, come se tra questi mondi non esistesse alcun fossato, come generalmente si ritiene. E quando lei mostra nei propri dipinti uno spazio, i cui strati lasciano nell'incertezza l'abituale incrocio dell'asse verticale e orizzontale, quando mostra che la lingua "parla", che la pittura definisce uno spazio, che un quadro inscena se stesso, lo fonda in misura minore su una riflessione estetico-intellettuale e in misura maggiore su un mondo esperienziale individuale, così che tramuta uno stato d'animo umano in forme figurative, che per lo spettatore diventano palcoscenico e specchio del proprio stato d'animo.

Solitude (2000) è il titolo di un dipinto su un rotolo di carta alto quasi due metri e largo uno. Tre o quattro orizzonti? Fasce di color verde scuro occupano il margine superiore e inferiore dell'opera e delimitano una zona chiara che riluce di giallo, a partire dalla quale si diparte uno strato di colore rosso semitrasparente. Un chiodo dipinto sembra indicarlo, come se questo strato rosso potesse non essere un rotolo del tutto aperto. In questo modo è quasi impossibile stabilire in quale dimensione quella singola colonna stilizzata si trovi. Ma poi, esiste effettivamente quella colonna? Emerge dallo spazio di luce giallo-rossa, minuscola, come se fosse vista da molto lontano. Quasi più come un'allusione che un costrutto architettonico, le piccolissime linee e scanalature descrivono il profilo di un capitello fin troppo grande per un fusto senza base o zoccolo. Quest'apparizione, come un miraggio, lancia una proiezione nello spazio e rimane aperta, potrebbe trattarsi di un'ombra o di un raggio di luce. L'unica cosa certa è che la sua presenza si moltiplica attraverso questa proiezione. Accanto a essa si possono intuire, paragonabili a indefiniti e vibranti echi, ulteriori colonne stilizzate, che nessuno sa se sono considerate ancora nel loro divenire o se già accennano a un "non più" che va a spegnersi. Nello stesso modo, intermedi tra forma e idea, file di archi nello strato di colore rosso, si lasciano scoprire agli occhi di colui che osserva più attentamente, come se non si potesse escludere che dietro si nasconda un labirinto di archi. Nelle fasce di colore verde scuro ai margini del dipinto si lasciano scoprire similmente profonde, sfuggenti forme di archi lineari, che evocano la rappresentazione di ornamenti in portoni di ferro battuto o sulle grate dei balconi. Questo è ciò che colpisce in questo dipinto di Manuela Filiaci: non sono evocate immagini, ma rappresentazioni, modi di essere di immagini o ricordi di esse.

Il dipinto *Archeology* (1997) ricorda impressioni che ci si è portati dentro a lungo e che attraverso il filtro della memoria hanno perso il loro luogo saldo e la loro normale proporzione, ed evocano degli esempi schematici piuttosto di descrivere degli oggetti. In quel blu contorto, come uno spazio che appare da sott'acqua, emergono due diagrammi architettonici posizionati come se marcassero alle volte un "giù in profondità" e altre un "poco al di sotto della superficie dell'acqua", che sono dati come un orizzonte. Uno di questi diagrammi sembra rimandare alla struttura di un paravento o di una serie di battenti di finestre o in ogni modo di pareti pieghevoli; l'altro, a una classica fila di arcate a tre archi. Entrambi i disegni sono tracciati a pastello, non interrompono il flusso dello spazio, ma sono piuttosto attraversati da esso, come se vi fossero proiettati dentro come effimeri giochi di pensiero. Sul margine superiore del dipinto lo spazio subacqueo sembra trasformarsi in spazio aereo. La superficie dell'acqua, che si infrange contro il margine del cielo, è un confine oscillante e permeabile, una zona di passaggio, che unisce entrambi gli spazi piuttosto che separarli. Anche se qui lo spettatore si immerge nello spazio del quadro, sperimenta l'atmosfera di uno spazio onirico per metà sommerso e per metà di nuovo emerso, viene presto strappato da questa illusione quando lo sguardo ricade sulla fine del rotolo che giace sul pavimento, il cui retro è dipinto con brandelli di colore verde e giallo; con frammenti quindi che annunciano un proseguimento di questo quadro-infinito. Con questo annuncio si svela però anche il Vexierbild, il gioco interno al dipinto, che viene incontro allo spettatore con tutta la sua forza illusoria, ma allo stesso tempo mette in scena il quadro stesso e in questo modo sotterra nuovamente questa illusione. Questa situazione, che lo spettatore vive, può essere paragonata a quegli stati di semiveglia, nei quali si sogna e contemporaneamente si è consapevoli che presto ci si sveglierà. Ciò che si può sentire qui sono delicati intervalli e allo stesso tempo momenti d'azzardo, poiché contengono quella fessura pericolosa attraverso la quale si può spiare un vuoto non strutturato, privo di immagini, privo di realtà, di tempo e di luogo.

In uno stordimento ancora più radicale si ritrova precipitato lo spettatore alla comparsa di *Stop Is Not a Conclusion* (1995). Davanti a esso si riversa uno spazio luminoso giallo inondato da una luce solare. La banda di carta, che nel suo finale arrotolato raccoglie questo flusso di colore, viene poi dipinta anche sul retro, lì diventano visibili frammenti di forme di ventagli, pieghe e triangoli in rosse linee di contorno. Come una maschera questa gaia superficie svela un dipinto interno, che è dominato da una fiamma che si spinge improvvisamente verso l'alto; una colonna posta al centro, e di nuovo solo accennata come diagramma, appare minuscola come vista da una grande distanza, cosicché la grande fiamma, che la sfiora con le sue lingue, tanto più divampa in minacciosa vicinanza dello spettatore. Il margine superiore del dipinto è definito da una serie di battenti di finestre. Quasi mai così chiaramente si palesa in questo lavoro un contrasto netto tra un esterno che circonda e un interno, proprio come se si trattasse di un dramma interno, un grido represso che erompe in un segno. Anche se la cornice esterna, come una maschera, potrebbe in ogni momento chiudere e richiudere, riavvolgendola, questa rivelazione. Contrapposto a quest'opera sembra essere *Fluctuations and Possibilities* (1997) un lavoro della fine degli anni Novanta: un fluido spazio blu è mosso da flussi orizzontali e da forme nere scavate alla guisa di scogliere, che, così si potrebbe intendere, si contrappongono a questo fluire, oppure spuntano come ultimi frammenti di ostacoli sempre più lavati via, che si trovano però ancora nello spazio del quadro. Molto piccolo, sullo sfondo della superficie del dipinto, come emerso da una grande profondità, compare nuovamente l'accenno, disegnato, a una fila di arcate. Come contrappunto, conferisce al fluire incessante una pausa di riposo. E ancora una volta il taglio sul finale esterno del rotolo del dipinto, che giace a terra, lascia intuire un mondo totalmente differente, come se ci fosse una pelle esterna che potesse schermare il quadro interno e la sua realtà dal mondo che lo circonda.

Negli anni Novanta questi inserti di colore improvvisi e drammatici, che ricordano fiamme o altre volte brandelli di nuvole o legno tramutato in schegge da un fulmine, appaiono in un numero ancora inferiore di opere. Questo drammatico mondo di forme, che da lontano fa pensare a Clyfford Still – anche se Manuela Filiaci non ha alcuna affinità con l'atteggiamento eroico dell'espressionista astratto – ha permeato piuttosto le sue opere degli anni Ottanta. Così che, quando si vedono i dipinti nel loro contesto, si può interpretare questo tipo di forme irruente, a metà e verso la fine dei Novanta, come segni che riecheggiano sperduti.

Come fosse qualcosa che accade direttamente nel quadro, lo spettatore sperimenta in queste opere qualcosa di simile a palcoscenici, scenografie di uno spazio vago, indefinito, nel quale esse emergono come delle rivelazioni. E in questo modo rende caratteristico qualcosa di svincolato, assoluto, proprio come se i *Sei personaggi in cerca d'autore* di Pirandello comparissero come quadri che fossero sempre stati lì e avessero sorpreso il loro pittore con la propria presenza.

Vexierbild dello spazio del quadro
Questa impressione di abbandono è emanata anche da quelle opere che sono totalmente dispiegate. *Essence of Gravity* (1995) si espande in una dimensione di 56 x 277 cm. Una pennellata realizzata con ritmo e velocità conferisce all'intero spazio un movimento, come se una forte corrente rastrellasse gli strati d'aria in una direzione. Da un leggero verde muschio attraverso un blu intenso, la scala dei colori si trasforma in un nero-verde notturno, e finalmente di nuovo in un verde muschio. La luce cangiante che ne consegue, e i colori cangianti che sembrano seguire un ritmo ciclico, ricordano il dialogo, così caratteristico per la nostra costante ricerca di speranza, che può essere riletto in Isaia (21, 11): "Sentinella, a che punto è giunta la notte? Sentinella, a che punto è giunta la notte? La sentinella risponde: vien la mattina, poi anche la notte ...". Lo spazio, che qui assomiglia tanto a un contenitore di tempo dalle conseguenze accelerate, non sembra solo sottrarsi al *topos* espanso della promessa di un futuro migliore che conforta, e piuttosto mostrare un circolo di momenti bui e luminosi, ma anche seppellire l'idea di un ancoraggio al suolo per mezzo della gravitazione. Come di consueto, l'associazione va di pari passo con la forza di gravità, come se ciascun corpo fosse ancorato alla terra con delle radici. Un'immagine che nasce pura dalla "prospettiva di chi cammina". Appena alcuni strati di spazio più in su, la gravitazione non determina più la prigionia del suolo, bensì la caduta libera a partire da un punto stabilito. Con il titolo *Essence of Gravity* diventa per la prima volta esplicita un'idea formulata: tutti i dipinti si attivano più o meno fortemente nell'esperienza che vive lo spettatore. Il fluttuare degli oggetti nello spazio, il loro cadere liberi e ondeggiare, abbandonandosi all'incertezza degli strati di spazio, è appunto espressione di un equilibrio e di una stabilità; proprio come se le fluttuazioni fossero solo una leggera variante scherzosa della gravitazione. In questo modo può dare a questo intero spazio permeato da un'accelerazione temporale un centro e un sostegno con volumi bianchi e ondeggianti realizzati a pastello; sembra proprio che, solo a causa di questi volumi fluttuanti, l'ampio spazio del dipinto possa infine addirittura esistere, nell'arditezza di un vuoto privo di orizzonte. L'idea che proprio nella fluttuazione, nel non fisso, nel cambiamento in permanente divenire si possa cercare l'essenza di un ordine, viene evocata da uno dei primissimi lavori: *Order by Fluctuation* (1980). Le forme poste su carta vivono attraverso una pennellata drammaticamente ritmica: come una ferita appare un mezzo arco che ricorda una vulva, nello spazio superiore del dipinto; proprio come un segno del cielo o un cattivo presagio si innalza nel margine inferiore, sopra un gruppo di forme, che è trattenuto in un verde muschiato e in un colore terraceo, e sembra celare un serpente rosso. La disposizione di queste astratte apposizioni di colore stranamente ricorda, a partire dalla loro composizione, i gesti della creazione di Michelangelo. Si tratta di uno di quei casi puramente intuitivi? Non di rado Manuela Filiaci rimane intrappolata, inconsapevolmente influenzata, da un gioiello della pittura classica.

I segni architettonici che compaiono negli spazi-colore dei dipinti degli anni Novanta e più tardi nell'opera di Manuela Filiaci, quella costruzione di sbarre romboidali, una forma ad arco alta e snella, il frammento di una colonna o di un arco dal quale si diparte un cono di luce cangiante blu-verde-giallo che richiama associazioni all'acqua, sembrano piuttosto aprire delle dimensioni spaziali, scandagliare la profondità, portare alla luce delle vedute, lasciare che si formino stratificazioni di luce e atmosfera, come se effettivamente sottolineassero degli elementi della costruzione. Proprio questo diventa lampante in *Everything Is a Hieroglyphic* (1994), un fascio di carta alto quasi tre metri e largo un metro. Il dipinto si srotola ancora fino a terra, mostra una parte posteriore in continuità con il colore delle superfici superiori e risveglia il sentore di un continuum nello spazio, del quale possiamo vedere un ritaglio. E di nuovo, sul bordo superiore dell'opera si può vedere una fascia di colore che varia in toni più scuri la colorazione della superficie del quadro piena di luce, ma allo stesso tempo corrisponde alla parte esterna del dipinto-rotolo che giace sul pavimento. In questo modo si ha l'impressione che lo spazio-colore che ci troviamo davanti, venga parzialmente liberato; si potrebbe pensare che una porzione di spazio sia ritagliato, una dimensione accennata sullo sfondo, davanti alla quale poi la chiara luce dello spazio, che viene delimitata dalla rete di sbarre romboidali, appare come ulteriore stratificazione spaziale. Di nuovo quindi ciò che accade nel dipinto non è dato come avvenimento immediato, ma piuttosto come idea rivelata di un'immagine che è sempre stata lì, ma nell'istante successivo potrebbe anche ritirarsi nel suo spazio chiuso.

Questa concezione della pittura la si può ricercare a ritroso, nell'opera di Manuela Filiaci, in alcuni dei suoi primissimi lavori. All'inizio degli anni Ottanta impregna dei fogli porosi con colori a olio dalle tinte terracee o ocra, fino a che assumono la consistenza di una tela, li elabora con forme che rimandano all'arcaico, segni geometrici, linee diagonali o triangolari. I bordi sono irregolari. La superficie non è piana. Allo spettatore si mostra solo una piccola parte di questa superficie, che non si sa cosa nasconda, poiché le carte sono arrotolate insieme, si guardano dall'esterno i rotoli chiusi di immagini, i cui corpi a bozzolo si poggiano su due chiodi di ferro davanti alla parete. *Warped Geometry* è il titolo che Filiaci ha dato a questa composizione. Ciò che lo spettatore vede sono frammenti di linee. Alcuni potrebbero evocare associazioni con un reticolo di venature o i tessuti dell'epidermide, altri al contrario mostrano forme geometriche, come quelle che si possono trovare in una decorazione africana. Effettivamente Manuela Filiaci ha soggiornato in Nigeria per alcuni anni, dal 1966 al 1970. Solo dieci anni dopo, alla fine del 1979 e nel 1980, lavora a rotoli di immagini e li chiama in primo luogo, spontaneamente, *Serie dell'Africa*. Solo più tardi stabilirà il titolo definitivo, *Warped Geometry*.

Queste opere hanno qualcosa di impalpabile, alcune addirittura indicano, oltre una banda di carta nella quale sono avvolte, il loro segreto sigillato. Certamente si potrebbe pensare ai rotoli della preghiera, forse anche a un astuto aggirare il divieto biblico della rappresentazione. Ma queste mute immagini-testimoni, questa pittura avvoltolata e messa da parte sembra molto più avvicinarsi al complesso fenomeno del piegarsi e della piega. Il dizionario dei fratelli Grimm iscrive nella storia dei significati di "piega", per prima quella del tessuto "nel tessuto, nell'abbigliamento e nelle fasce ornamentali"; al secondo posto si trovano quelle della pelle e del viso, e infine sono nominate quelle "del cuore, dei sensi, anima, umore".[2] Anche Leibniz utilizza il concetto con tutti questi significati, quando nella piega vede il complesso metaforico dell'universo. Probabilmente entusiasmato dalle idee di un Pierre Gassendi, per il quale un'infinità di tracce di memoria si immagazzina in un intreccio di miriadi di piccole e microscopiche pieghe,[3] Leibniz immagina un universo mosso da una forza attiva, che costringe le parti che lo costituiscono, ininterrottamente e senza pause, a comporre sempre nuovi movimenti a spirale, a cerchio, e nuove evoluzioni. Non c'è vuoto e alcuna particella atomica, ma solo la materia che si mescola e si ripiega in uno spazio curvo.[4] Leibniz fa di un fenomeno che si manifesta in modo essenzialmente banale, come la mutevolezza delle pieghe in una striscia di tessuto, un modello di conoscenza ed estende questa visione della natura dello spazio cosmico come una sfera ripiegata in se stessa a teoria di tutta la vita. Manuela Filiaci tocca il grande tema delle stratificazioni e delle pieghe dell'animo e della memoria piuttosto intuitivamente quando paragona il suo modo di fare al semplice gesto di piegare una lettera. Spesso lei parla di "parità delle cose". Ciò significa che rinuncia alla gerarchia tra grandi e piccoli accadimenti. La quotidianità, un bicchiere di vetro in bilico sullo spigolo del tavolo, può diventare un simbolo. Ogni più piccolo gesto può diventare il punto di partenza per una grande costruzione del pensiero. Proprio questo è inconfondibile nella sua opera: Filiaci osserva ciò che è più comune e da qui crea immagini che hanno una presenza e un'armonia così forti, che davanti a esse si rimane alle volte spaventati, come colpiti da un lampo. Poiché queste contemporaneità hanno qualcosa dell'immediatezza di antichissimi segni del tempo, che con il loro semplice esserci sembrano accadere proprio in quel momento, si manifestano appunto come custodi del tempo, anche se non svelano il mistero della propria immagine. L'oscura vita interiore di questi rotoli chiusi di immagini appartiene però anche alla stessa "raison d'être" di una piega. A ciò si accosta Deleuze, quando si avvicina al complesso del fenomeno: "… L'essere contenuta, il vivere all'interno è la ragione che sta alla base della piega, cosicché si passa spontaneamente da questo a quello. Tra i due è sorto uno slittamento che fa dell'involucro il motivo d'essere della piega: ciò che è rinchiuso nella piega è il contenuto, ciò che è insito. Si dirà che ciò che è nella piega è solo virtuale ed esiste solo in essa, in ciò che la avvolge".[5] In altre parole, la cosa che avvolge qualcos'altro determina se ciò che è avvolto è "nulla", puro vuoto e buio, oppure se proprio questo buio è probabilmente il terreno vitale per un altro mondo massimamente esistente. Nell'opera di Manuela Filiaci la dinamica, la vera arditezza dei suoi grandi rotoli di carta può essere vista solo quando la si comprende sullo sfondo dei dipinti dei primi anni Ottanta, ripiegati e nascosti a mo' di bozzolo. In entrambi i gruppi di opere però la pittura non va concepita come una superficie illusionistica bidimensionale appesa al muro, ma come oggetto che si appropria dello spazio. Anche quando appaiono i primi rotoli chiusi ermeticamente e fragili con il titolo, per metà ironico, *Warped Geometry*, geometrie distorte, in piccole dimensioni di 6,5 x 15,5 cm, è come se la loro caratteristica di contenere un dipinto invisibile conferisca ad essi l'aura di un fascio di energia, che riluce nella stanza. I rotoli aperti invece, che si svolgono nello spazio, competono con lo spazio che li circonda. Il loro esistere come dipinti nello spazio si impadronisce di una presenza, come se l'attore di un film emergesse dallo schermo di proiezione del cinema.

Non è tanto la creazione di un dipinto, ma molto più il fenomeno del mostrarlo a divenire il tema che plasma complessivamente i grandi dipinti su rotoli di carta. Lo spettatore si trova su un doppio terreno e in questo modo può, per così dire in senso tautologico, immaginare fisicamente lo spazio oscillante che può toccare con lo sguardo.

Nei dipinti realizzati con colori a olio su tela degli anni 2005-2007, di contro, lo spettatore è totalmente assorbito nella realtà pittorica. Quando il terreno sotto i piedi dello spettatore comincia a ondeggiare, questa illusione non viene scalzata, e diventa immediata la forte esperienza di ciò che accade nel dipinto che gli sta di fronte. La comprensione dello spazio diventa qui una sfida, ciò che ci circonda non sembra più solido come prima, i lavori di Manuela Filiaci hanno la forza di rompere e ricomporre in modo nuovo le nostre abitudini di percezione. "Poiché i fatti che costituiscono il mondo hanno bisogno del non reale per essere riconosciuti da esso", secondo la definizione di Ingerborg Bachmann.[6] L'osservazione dell'immateriale, dell'assenza di concretezza, l'intenso incontro con ciò che ci è estraneo, non solo libera i sensi, ma anche nuove energie per ciò che è vivente, che noi con la nostra forza di volontà cerchiamo di dominare e spesso minacciamo di bloccare. Un tale momento di libera contemplazione va vissuto con intensità davanti al dipinto *C'era una poesia di Enzensberger* (2006). In tutta la loro estraneità di incomprensibile "altro" spuntano, in uno spazio che è riempito da una sostanziale non-materia di colore blu profondo, due scatole ondeggianti. È come se gli oggetti fossero trasportati da questa non-materia: quello che si trova nella parte superiore del quadro si muove come illuminato da una misteriosa luce solare mattutina e rossastra, attraverso gli strati oscuri dello spazio, mentre l'altro sembra aver consolidato questa oscurità in un blocco, come se fosse una concentrazione di essa. Dopo averlo osservato a lungo si risvegliano delle associazioni, come se i volumi di luce e buio fossero contrapposti l'uno all'altro. Di contro però, sempre a una più attenta osservazione, è come se gli oggetti si trovassero nello spazio senza orizzonte, lo sostituissero, come se rendessero possibile afferrare con la pittura un tale tipo di spazio, che ha per tema solo lo spazio stesso. Lo spettatore sperimenta qualcosa di simile quando guarda *Contamination* (2006-2007). Uno spazio si stende in strati di diversa luce e intensità. Una scura fascia di colore in alto viene separata da un chiarore di nuvole, che a sua volta si scontra contro una fascia di colore scuro, che ora però diventa gradualmente più chiara senza delimitazioni e crea una sorta di spazio libero nebuloso, nel quale ciò che accade nel dipinto si può realizzare: tre colonne collegate tra loro da una costruzione-cornice finale sembrano affondare in una foschia acquosa color turchese. La cornice della fila di colonne crea una marcata linea orizzontale nella costruzione del quadro, come se qui venisse allungata una terza linea d'orizzonte.

Spesso nei lavori di Filiaci spunta, sia nelle opere più datate, sia in quelle più recenti, questo fenomeno di moltiplicazione dell'orizzonte. Nella *Cosmic Series* della fine degli anni Novanta il tema diventa così insistente, che ci si può effettivamente vedere dentro un vero elemento che costituisce forma. *Deep* (1997) è il titolo di uno dei dipinti di questa serie, nel quale non solo lo spazio, ma anche gli oggetti posizionati nello spazio, i volumi bianchi disegnati a pastello, fluttuano

Transition, 2006-2007
olio su tela di lino / oil on linen
68 x 58 in. / 172,7 x 147,3 cm

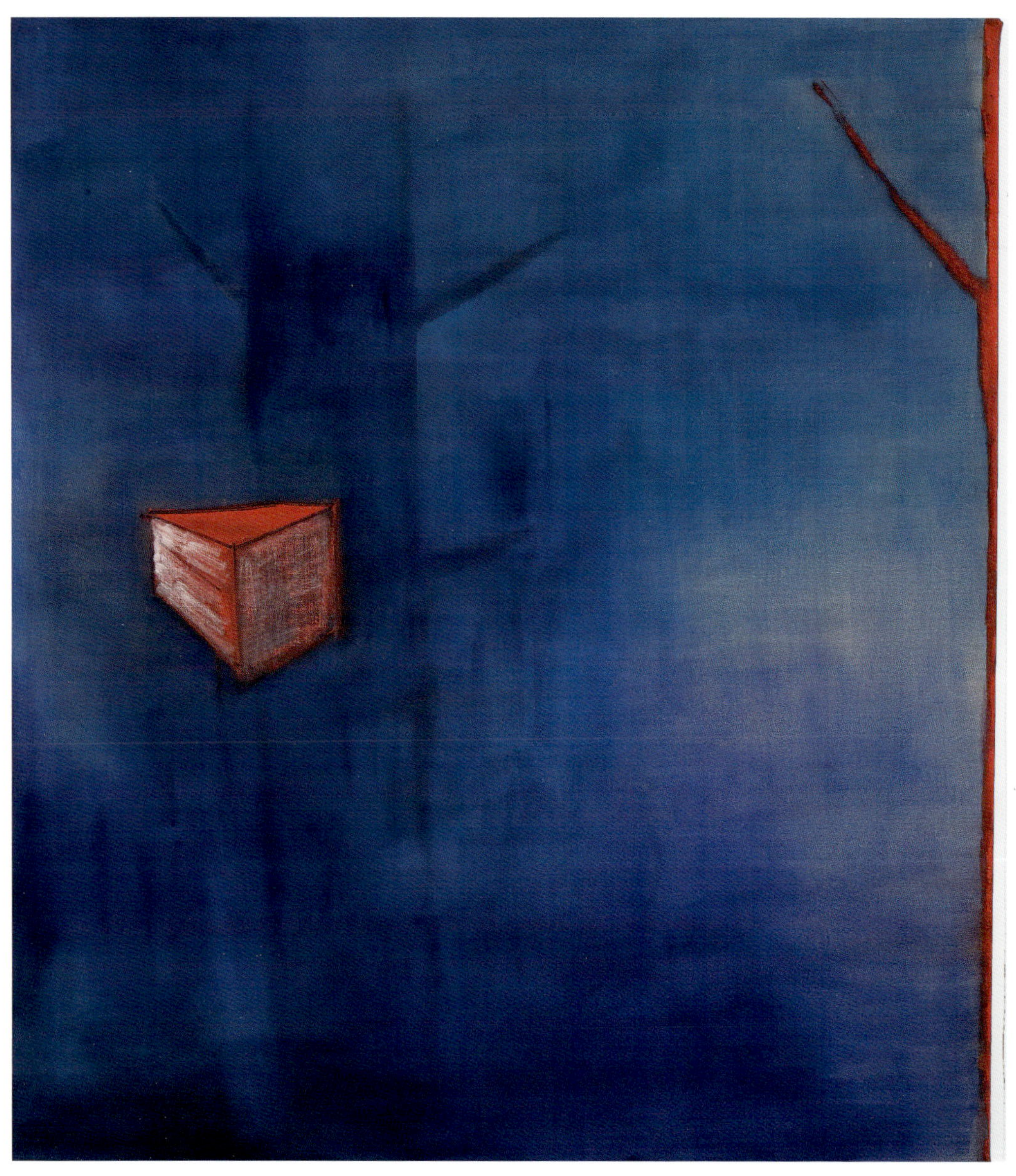

in una profondità color blu notte. Gli strati disposti dietro, che lo circondano e sembrano trascinarlo, producono a loro volta delle linee di confine orizzontali, delle marcature, delle divisioni. Sul margine superiore però, appare una forma blu-nero, che ricorda una continuazione dei frammenti a scogliera dal quadro *Archeology*, ed estende nuovamente il loro margine inferiore in una linea di orizzonte. Con la stessa ripetizione del motivo conduttore del molteplice orizzonte, si impone il mondo delle idee che Husserl descrive nel suo trattato *Erfahrung und Urteil* (trad. it. *Esperienza e giudizio*): "Ogni dettaglio nasconde un universo, ogni frammento si lascerebbe aprire all'infinito fino ai suoi confini più interni. Istintivamente nella nostra osservazione scorre la cognizione che ogni oggetto è un serbatoio di strati fenomenici. Quando osserviamo, includiamo in maniera consapevole o inconsapevole tutta la nostra esperienza". Per questo, così conclude Husserl, bisognerebbe essenzialmente distinguere tra tre orizzonti. "Ogni esperienza ha un orizzonte esperienziale; ciascuna ha il suo nocciolo di reale e definita presa di conoscenza, ha il suo contenuto di certezze autodefinite, ma ha il suo proprio orizzonte oltre questo nocciolo di determinati modi di essere, oltre ciò che è realmente dato". Husserl però suddivide ulteriormente questo orizzonte esperienziale e dice: "Ogni esperienza va ampliata in una continuità e concatenazione esplicativa di singole esperienze ...", in modo che "ciò che viene veramente esperito ha sempre ancora e all'infinito un orizzonte di possibile esperienza dello stesso". E deduce: "così che ogni esperienza ha di ogni singola cosa il suo orizzonte interno ..., che è sostanziale della sua inscindibile induzione in ogni esperienza stessa." Allo stesso tempo però, così postula Husserl in seguito, "ogni cosa esperita [ha] anche un orizzonte esterno aperto e infinito di conoggetti, verso i quali io al momento non sono rivolto, ai quali però mi posso rivolgere in ogni momento [confrontando o distinguendo]". E dopo queste riflessioni Husserl giunge alla conclusione: "In questo modo anche tutto ciò che è spirituale partecipa al sensibile; è un essente fuori del mondo, nell'orizzonte spaziale dell'essente".[7] Mentre Husserl costruisce quindi una nuova relazione per l'esperienza della realtà, che ha nel suo nucleo, che "ogni realtà, che entra come nuova nell'esperienza, si trova nell'orizzonte del mondo, e in quanto tale ha un suo orizzonte interno". La rivoluzionaria quintessenza della sua tesi in conclusione suona: "L'esistenza di un reale non ha quindi mai e poi mai un altro senso come inesistenza, come essere nell'universo, nell'orizzonte aperto della spazio-temporalità", l'orizzonte quindi delle cose conosciute e sconosciute.[8] In altre parole nulla di ciò che percepiamo è sciolto dall'esperienza-base del nostro essere-nel-mondo, del nostro essere legati alla gravitazione, al cambiamento, allo scorrere e al divenire. Quasi contemporaneamente a Husserl il fisico Werner Heisenberg ha postulato le sue "relazioni indeterminate" e scioccato il mondo con la sua visione ancora oggi valida: "Niente può essere in definitiva misurato, la mutevolezza di ciò che è misurato e di ciò che misura non può essere separato dall'atto della misurazione". Questo retroscena è esposto qui in maniera così estesa e supportato con ricchezza di citazioni perché in questo mondo di pensiero sembra esserci una chiave di fondamentale importanza per l'opera di Manuela Filiaci. Sicuramente l'artista non si è occupata di Husserl prima di aver dipinto i propri quadri. Lei sviluppa il suo mondo immaginifico in modo del tutto intuitivo, pensa in immagini. Ma lo straordinario, in questi dipinti, è proprio che si tratta di dipinti

concettuali i quali, se li si traduce in parole, riemergono proprio lì, in Husserl e
nelle sue idee di orizzonti esperienziali multiformi e multistratificati. Come si
potrebbero altrimenti meglio descrivere quei volumi che ondeggiano nello spazio
nei suoi quadri se non con il concetto husserliano di una "cosa esperita"? Oggetti
dell'esperienza possono allo stesso modo provenire dal quotidiano e reale mondo
del vissuto come da mondi pensati, sognati, desiderati, ricordati. La forza che
esercitano sullo spettatore è ugualmente intensa, poiché ciò che li unisce è
quell'universale "orizzonte spazio-temporale dell'essente"; anche ciò che è
sognato e desiderato è "fuori dal mondo" e racchiude pertanto per lo spettatore,
nonostante l'estraneità, sempre una forte componente di qualcosa di sconosciuto, anche se appare innominabile e inafferrabile.

Osservare degli spazi figurativi come quelli di Manuela Filiaci, può quindi
diventare una sorta di esilio all'interno del ritmo quotidiano, una interruzione,
uno spazio-zero. Alle volte in questi spazi viene dato maggiore rilievo a un elemento dell'esperienza locale, in altri a un elemento temporale. Nel dipinto *Gravity* (2007) si estende un tale spazio marcato localmente; le misure effettive di
137 x 91 cm sono ampliate dall'illusione dello spazio del quadro nell'indefinito,
nell'infinito. Una superficie acquosa brillante crea un bianco movimento dello
spazio che si fa sempre più fitto verso il margine superiore del quadro, avvici-
nandosi sempre più a un blu-notte. Come lo scheletro di una colonna vertebrale
orizzontale, una struttura chiara e trasparente si tende trasversalmente attraverso questo spazio a partire da una bianca rete di linee di poliedri, che a loro
volta si presenta sopra una seconda successione di linee di contorno che si
lasciano intuire, più che essere disegnate, e che potrebbero far pensare a colonne schematiche se la loro presenza non fosse così incerta e compresa in un continuo emergere e sprofondare. Così dev'essere rigettata l'associazione, che sorge
fin troppo velocemente, con una costruzione a ponte, poiché ciò che appare a
un'osservazione più attenta è piuttosto l'impressione di un edificio di linee che
appare in negativo nell'oscurità e che viene trasformato in una forma geometrica
senza confini da una sostanza volatile come dei vapori o delle nuvole. In un certo senso questo sistema di linee ricorda la scultura degli anni Sessanta *Smoke* di
Tony Smith, con la differenza che questi contorni abbozzati conservano proprio
la volatilità di vapori o nuvole. Dietro a questa rete di linee di nebbia chiare
come la luce si apre immediatamente un più fitto spazio notturno, un'oscurità
che nella propria impenetrabilità diventa contenitore di tutte le cose. Proprio
come se con questa forma scheletrica orizzontale si fosse posta una sorta di confine o di soglia. Oppure come se una lunga rete fosse stata tesa come filtro tra la
luce brillante e la notte. A un'osservazione più attenta appare infine come un
contrasto alle forme scorrevoli dell'acqua, come se i poliedri che si strutturano
in filigrana fossero come una geometria fatta di nebbia e un'idea di orizzonte,
che si estende all'infinito, come se l'immateriale calma del sogno del punto zero
fosse diventata una tela di ragno allungata. Come se si potessero oltrepassare
con un balzo le sue ombre, e si potesse sfuggire al vincolo con la limitante e
nomade linea, che ci segue, davanti, dietro e attorno a noi ammonendoci sul
limitato raggio della nostra visuale; così appare inspiegabilmente uno spazio
riempito da un leggero scintillio bianco-grigio e da rosei riflessi di specchio.
Dopo averlo osservato più a lungo appare dallo scintillio chiaro una forma ad

anfora, che via via assume sempre più i contorni schematici di una clessidra. Anche se questo elemento sembra rimosso come un miraggio, è tuttavia dato un aspetto temporale. In modo simile, come l'orizzontale linea spettrale in *Gravity* non può definire un luogo, qui con la clessidra è effettivamente indicato un tempo, o piuttosto c'è un rimando al suo influsso. Il grande dipinto di 137 x 91 cm dal titolo *Clessidra*, che ha avuto origine nel 2007, ricorda *Seestücke* (*See-See*) dei primi anni Settanta di Gerhard Richter. Mentre Richter, nel suo confronto con l'orizzonte, utilizza questo confine come passaggio e cerca un'astrazione che vada dedotta a partire da questo punto-zero e in definitiva dà inizio alla serie dei quadri grigi, Filiaci non si è interessata a questo tipo di categorie, ma piuttosto ha lavorato ad esse, per lasciare che la presenza del quadro si sviluppasse come un essere vivente. Questa realtà, la realtà del quadro, è per lei più importante di qualsiasi categoria. L'atteggiamento di Filiaci, nella sua liberale idea di se stesso si contrappone all'astrazione, e piuttosto va paragonato alla visione di Mirò, che imprecava: "Avete mai sentito parlare di una sciocchezza più grande dell'"astrazione astrazione'? E mi invitate nelle vostre desolate abitazioni, come se i segni che io dalla realtà trasporto su tela, poiché corrispondono a una profonda realtà, non fossero parte del 'reale'"![9]

Lo spazio che scorre privo di orizzonte può quindi contrassegnare un momento, poiché i parametri di tempo e luogo si sciolgono, dato che le strutture di superficie di questo tessuto, che noi chiamiamo realtà, si volatilizzano e non rimane quasi più niente, se non l'incertezza di una fluttuante condizione. Vivere tali momenti non appartiene all'ambito del sogno estraneo alla realtà, ma piuttosto dipende da una potenziata capacità di percezione, da uno spirito del presente che è sufficientemente aperto per sostenere e gustare, anziché coprire, quella spaccatura tra gli istanti del tempo ordinato che si susseguono in fila, e i luoghi che si intersecano l'un l'altro nello spazio. Per Manuela Filiaci questa spaccatura, lo spazio di mezzo, è la sfida del proprio lavoro, cosicché la sua pittura diventa proprio il fragile terreno di questa incertezza.

Degli assi spaziali e del sistema delle scatole

Un corpo simile a una piramide spuntata, disegnato a pastello solo nei suoi contorni, fluttua in uno spazio privo di orizzonte di un intenso blu notte; sembra diretto a testa in giù, in base al nostro normale concetto di gravitazione, verso un non visibile pavimento. O forse la linea oscillante bianca, a malapena percepibile, marca una schiuma marina, il cui sedimento è una fila di conchiglie stilizzate, anch'esse appena accennate a pastello? Il dipinto appartiene alla *Cosmic Series* (1997), ha per titolo *Nostalgia* ed è uno dei pochi lavori di Filiaci che mostra forme di una geometria organica. E in modo insolito, dopo averlo osservato a lungo, sorge qualcosa come una lontana corrispondenza tra queste conchiglie – che nel fruscio che sentiamo quando le accostiamo all'orecchio sembrano contenere tutto il mare –, e il corpo geometrico che ondeggia ed è attraversato dalla schiuma marina. Come se, nonostante la loro differenza formale, si ritrovassero di nuovo uguali a livello astratto, vale a dire sul livello della loro funzione, di corpo di risonanza per lo spazio che le circonda.

Questa tematica di un'affinità tra forme geometriche e organiche ritorna nuovamente nel dipinto della *Cosmic Series* intitolato *La spiaggia al di là*, che sul margine superiore, limitato da una fascia nebulosa e chiara, distende uno spazio di intenso blu notte. Attraversano l'intero spazio linee orizzontali sottili accennate a pastello più che disegnate, che ricordano un rigo musicale, o possibilmente anche ripetute spiagge e schiume marine che si sovrappongono nella memoria, a strati sedimentati di tempo e ad altre elementari suddivisioni di un calendario elementare. Sul margine inferiore del dipinto però rispuntano nuovamente alcune conchiglie, la cui linea concentrica fa pensare agli anelli annuali di strati calcarei. A una più attenta osservazione entrambe le formazioni di linee, quella organica come anche la geometrica, cominciano a entrare in una misteriosa congiunzione, come se in profondità sorgessero dallo stesso principio; forse appartengono a quello del "codice delle cifre", come Novalis chiamò le "congiunture del caso" o le tracce lineari della Natura.[10] Chi guarda ora, in base a questa prospettiva, le forme geometriche delle colonne nell'opera di Filiaci, si imbatterà in un'intera fila di quadri, che vedono molto più che una pura affinità tra il linguaggio delle forme geometriche e organiche, e addirittura osservano elementi architettonici animati, che respirano, che sono attraversati da un palpito: così le colonne fatte di romboidi messi insieme in *A Distant Dialogue* (2005), sembrano attraversare l'ampio spazio che li separa con una forza d'attrazione energetica; si potrebbe addirittura pensare che la colonna di destra si pieghi leggermente con una forma ad S verso l'altra. Un simile rapporto di tensione, un incerto aspirare a toccarsi e a separarsi, che nello spazio tra le colonne viene accentuato da un contrasto di colori, quando un tenue rosso combatte con un crescente blu che separa, sembra essere vivo anche in *Remote Proximity* (1990). A questo proposito può tornare alla mente che al centro della tela *Spontaneous Order* (1991), si trovano un capitello e un triangolo – o il diagramma di un timpano palladiano? – eretti con un contorno blu-rosso, che occupano il loro spazio come se fossero rizzati sulla pelle; gli angoli del triangolo addirittura sono capitati nel flusso, come se una ferita stesse sanguinando. Questa tipologia di lavori può essere colta dallo spettatore solo con lo sguardo con il quale è stata creata: con un occhio che non osserva le "res ipsa", le "cose stesse", come Leibniz diceva distinguendo, ma invece con l'occhio dell'intuizione, che vede "i segni" e con essi va alla ricerca dell'infinito. Il mondo animato delle cose, che emerge nell'opera di Manuela Filiaci, si apre nella sua dimensione più profonda solo se lo si osserva tenendo a mente le considerazioni di Leibniz sulle "piccole percezioni": nelle sue ricerche sulle percezioni sensoriali, che come uno stimolo possono portare al disvelamento l'anima che si muove all'unisono con l'intero cosmo, descrive come l'impressione sensoriale del fragore del mare agisca contemporaneamente su corpo e anima. Per lui queste sono "piccole percezioni" di elevatissima importanza, poiché esse, con le rappresentazioni sensoriali danno origine a quelle impressioni, "che i corpi che ci circondano fanno su di noi e che racchiudono l'infinito, quel collegamento che ogni essente possiede con l'intero universo".[11]

Il grande complesso di lavori sul tema dell'albero che Filiaci ha ripetutamente dipinto in un lasso di tempo di tre anni può, sotto questa prospettiva, risvegliare un grande spettro di sensazioni interiori, direttamente iscritte in un universale mondo mitologico, e che si lasciano sfogliare come nella rappresentazione husserliana di un orizzonte multistratificato. Due tronchi d'albero di color giallo India incorniciano uno spazio che ondeggia allo stesso modo in diverse gradazioni di giallo, e che sembra espandersi infinitamente in profondità come profondo vuoto. *Infinito/Indefinito* (2006), è il titolo di questo dipinto, poiché Manuela Filiaci in esso ricorda quella affermazione di Yves Klein: "I think that the colour yellow, for example, is quite sufficient in itself to render an atmosphere and a climate beyond the thinkable".[12] Come se fossero visti da molto vicino, l'osservatore guarda il tronco degli alberi, né la chioma, né le radici si possono vedere. Anche la loro superficie di taglio perpendicolare al centro evoca un incontro da breve distanza. Le poche e corte ramificazioni, che si innalzano sullo sfondo nel mezzo del quadro, sono spoglie e rimandano al presente passaggio della morte invernale, prima che la rigenerazione della primavera torni, poiché l'albero è presente in tutti i segni mitologici degli stadi ciclici dell'evoluzione cosmica. Ma essi sono anche *axis mundi*, assi verticali che collegano i diversi mondi, con le radici si trovano negli inferi, con il tronco si mescolano con l'ambito dei viventi e con la chioma raggiungono le altitudini del paradiso. Tali associazioni sono risvegliate attraverso l'immagine di un albero blu, aereo, che emette foglie, ed è dato solo attraverso il contorno; il suo tronco si erge solo a metà nello spazio etereo, come se l'altra metà stesse fuori dal quadro. Anche senza il chiaro titolo *Spring* (2005), lo spettatore sente che in questo albero, tanto è aereo, le linfe salgono; che si prepara un germogliare, un prorompere di nuova vita. Gli alberi si trovano in molte culture antiche a causa del loro immortale e ciclico rinnovamento, e a causa della loro altezza che collega cielo e terra sono stati adorati come divinità; ma soprattutto si sono ascritti a loro poteri soprannaturali, perché si vedeva in essi esseri perfetti, in grado di riassumere in sé i quattro elementi: l'acqua circola con la linfa, la terra accoglie le radici, l'aria nutre le foglie, il fuoco fiammeggia dai rami.[13] In un dipinto come *Whimsical* (2003), di contro, è come se gli alberi accennati con contorni a pastello appartenessero piuttosto a quella scrittura a geroglifici che si affronta in *Everything Is a Hieroglyphic* (1994). Il sistema di linee dei quattro alberi si espande come una grata sull'intero quadro e quasi si congiunge, coprendo le linee stesse, con i contorni delle ali di un paravento o di una parete pieghevole, che si può intuire sotto lo sfondo blu dello spazio del quadro. Questo sistema di linee ricorda quel diagramma di file di colonne, viadotti e passaggi a forma di arco, così spesso osservato nell'opera di Filiaci. Ciò che si indica qui è piuttosto qualcosa di simile alla scrittura di un ricordo, di una nostalgia o di una ironia. Un intero complesso di connotazioni è invece risvegliato nel dipinto *Transition* (2006), dove per contro oscillano in armonia mondi di forme geometriche e organiche, oggetti costruiti e cresciuti, e da ciò si sviluppa nella consapevolezza dell'osservatore anche un altro livello sensoriale.

In uno spazio inondato di blu il cui vortice profondo si sviluppa attraverso una luce lontana e biancastra e una fascia di color blu scuro, che ad esso tende, spunta spettralmente l'ombra o l'eco di un albero quasi privo di rami e senza foglie, che per contro è molto vicino alla visuale, così che non compaiono né la punta, né le radici, ma soltanto il tronco, come un'asse verticale che non ha inizio né fine, e attraversa il quadro. Nel mezzo dell'albero d'ombra compare un tetraedro rosso pallido. Il margine destro del quadro è delimitato da una linea rossa, dalla quale improvvisamente fuoriesce un'asta, come se qui fosse mostrata la presenza di un albero rosso e vivo sulla superficie di taglio, che continua all'infuori del quadro. Le tre presenze sembrano dialogare l'una con l'altra, proprio come tre parti viventi di uno stesso essere, che si incontrano. Il colore rosso collega l'albero che sta al di fuori del quadro con il tetraedro, e probabilmente rimanda al fatto che è stato costruito in legno; la forma dell'albero rosso e dell'ombra corrispondono. Tra i tre elementi comincia un movimento e uno scambio, una sorta di dinamica temporale tra passato, presente e futuro, che tuttavia non scorre più linearmente, ma diventa un danzante fuoco fatuo. Contemporaneamente il segno del tetraedro, repentino, che fluttua libero, ricorda gli antichi affreschi di Ostia antica o Pompei, in cui una figura, un fiore, una colonna, un sarcofago si staccano bruscamente da uno sfondo colorato e scandiscono uno spazio figurativo, come se fossero stati rappresentati per propria volontà. Però, nello spazio che in *Transition* si espande tra i disegni, gli oggetti hanno la funzione di catalizzatori; le loro presenze, che sono legate in una stratificazione temporale, fanno di questa il tema effettivo. Lo spazio svolazzante irretisce i disegni nel costante passaggio tra esseri che si alternano, ognuno di essi è già contenuto in quello che lo precede. La forma costruita di legno rosso, la scatola arborea al centro del quadro ricorda l'antico mito del "Totenbaum" (albero morto). La leggenda, aprendo un cerchio logico, spiegava che l'uomo originariamente era sceso dall'albero e avrebbe dovuto essere sepolto nuovamente in un albero, in modo da poter rinascere.[14] Per molto tempo ancora nell'ambito linguistico tedesco si è usata la parola "Totenbaum" per indicare la bara. Senza conoscere effettivamente questi miti, Manuela Filiaci tocca con inconsapevole precisione l'intuizione del campo semantico di un ciclo tra la bara e il tronco d'albero che origina vita.

Da questo punto di vista il tetraedro rimanda, nella sua capacità di contenere, a quel complesso metaforico di casse e involucri che si contengono l'un l'altro, proprio come Michel Serres descrive l'uomo stesso come cassa di risonanza di suoni e lingua, che si dispone come un sistema di scatole, circondato dall'involucro sociale, dal guscio della casa e in definitiva dalla scatola nella scatola, il nascosto luogo del sonno, di nuovo composto da strati di coperte e coltri, protetto da involucri di lingua e di immagini. Che si possa interpretare la nostra vita come un "essere-nel-mondo" è un errore, prosegue Serres, poiché nemmeno l'involucro esterno della nostra casa si apre nel mondo, bensì nel sistema di scatole della città.[15]

Questa metafora sembra esprimersi in tutta la sua forza in un'ampia serie di opere che Manuela Filiaci, dall'inizio della propria attività, ha continuato a sviluppare in parallelo alla propria pittura: un mondo di immagini tridimensionali fatto di scatole e cesti colorati che ha intitolato *Boxes*. Ve ne sono alcune tra loro che sono state salvate dalla spazzatura e si sono tramutate in impalcature da guardare. Altre, e questa è la parte più consistente del lavoro, sono cartoni apribili comprati a pacchi di venticinque nelle misure standard industriali di 13,5 e 20,5 cm. Un prodotto dell'industria dello storage americano, un ramo dell'industria che parallelamente al mercato che straripa di beni di consumo, propone sistemi di conservazione sempre più innovativi. Proprio questa banalità del materiale ha entusiasmato Manuela Filiaci. I cubi aperti sono spalmati con una soluzione bianca di gesso e poi dipinti su un lato con un altro motivo figurativo colorato e con molteplici disegni; così si trasformano a centinaia in un immenso puzzle di superfici dipinte, che, se girate, cambiano volto. Questa impressione di corpi disegnati che si trasformano velocemente, che in ogni momento possono aprire un'altra immagine alla maniera di un caleidoscopio, si verifica quando le *Boxes*, vengono disordinatamente ammassate insieme come dadi colorati in una libreria che ricopre la parete. Più che ricordare uno schermo, fanno pensare a testi scritti su pareti in una lingua a geroglifici appena scoperta o da sempre esistente, che iscrive in superfici colorate rosse, blu, gialle segni come elementi architettonici, forme vegetali e geometriche, spirali, arcobaleni, pale eoliche, paesaggi in miniatura, comete fantastiche, tele di ragno, clessidre, come se si potesse sfuggire al fin troppo eroico mondo moderno per mezzo di un'ironica e giocosa anarchia.

Uno delle prime *Boxes* è stata *Veronica superstite,* all'inizio degli anni Ottanta. Il titolo gioca in modo semiserio con il fatto che l'artista aveva salvato la scatola dai rifiuti, quindi aveva aiutato una "vera icon", una vera rappresentazione, a sopravvivere. Filiaci stessa dice di questa *Box*, che è tagliata in due in diagonale così che dalla forma di un tetraedro aperto scaturisce un piccolo spazio che è colorato alla base, alle pareti interne ed esterne fino agli angoli più remoti con colori luminosi, e in modo spavaldo, da disegni danzanti alla Matisse: "Effettivamente *Veronica superstite* è per me come un palcoscenico, come un pezzo teatrale, nel quale un quadro si specchia".

In maniera simile ai rotoli chiusi della serie *Warped Geometry*, anche queste scatole sono dei contenitori. Alcuni di essi sono dipinti internamente, altri no, tutti racchiudono dello spazio scuro. In contrapposizione alla carta arrotolata nelle *Boxes* ciò che accade nel dipinto è così fortemente rinviato verso l'esterno che per lo spettatore sorge l'impressione che solo le superfici contino.

La spaccatura

All'apparenza la scatola è il contenitore di uno spazio interno scuro e sconosciuto altrettanto importante quanto la sua superficie, poiché altrimenti entrambe le tematiche non troverebbero la loro ripercussione nella pittura di Manuela Filiaci. *Something Absent* è il nome di una tela di 137 x 91 cm, del 2000. A prima vista si potrebbe percepire una superficie acquea di un blu intenso, delimitata da un cielo inondato di giallo. Osservandolo meglio, l'orizzonte di quello che presumiamo essere un pezzo di mare, finisce per oscillare. Non è chiaro se si tratta di un quadro per un altro quadro, di certo sembra una struttura dipinta posta orizzontalmente, che attraverso gradazioni di chiaro e scuro guadagna profondità. Con poche strisce – di nuovo segni scritti piuttosto che un oggetto disegnato – in questo spazio di colore si accenna a un parallelepipedo. Nessuno sa se il diagramma debba ricordare che qui un tempo c'era una cassa, oppure indicare che un giorno ce ne sarà una. Certo è che è soltanto un insieme di idee, sorto dalla camera oscura di un teschio senza aver abbandonato il suo vago quadro immaginativo, è segno senza disegno. Così si comporta anche con il quadro – che chiaramente non dipinge un'illusione, ma dipinge la pittura, stratifica colori, fa sorgere un orizzonte che però rimane orizzonte figurativo, non si salva consapevolmente dai confini del dipinto nell'illusione di un quadro rappresentativo che sta al di fuori. *Something Absent* – ciò che è lasciato da parte è il quadro, che tuttavia è dato, contenuto e potrebbe formarsi negli occhi dello spettatore nella cassa di risonanza degli opposti, e guarda come riflesso in uno specchio lontano il diagramma sprofondato. In altre parole: ciò che in questo dipinto trova riflesso è proprio la nascosta oscurità della scatola, l'interno del palcoscenico. In contrapposizione a questo spazio interno appaiono i rotoli dell'anno 2007, che con la follia di un Giovanni Domenico Tiepolo, il figlio di Giambattista, riversa nello spazio un caleidoscopio di rombi colorati, come se le superfici delle *Boxes* qui fossero state ritrasformate nella loro bidimensionalità ripiegata: *Flat Box Series* (2007), sono rotoli di carta grandi circa 304 x 107 cm, e dipinti con pesanti strati di colore a olio. Ma anche qui il mosaico di rombi rossi, blu, gialli sembra tendersi come una seconda pelle sopra uno strato spaziale sottostante. In un quadro di questa serie si mostra questo strato spaziale sottostante come un cielo aperto, che pezzo per pezzo è ricoperto da un sistema di rombi a mo' di maschera. Il tema del quadro che si mette in scena fino a che effettivamente non c'è più un quadro, permea come motivo ricorrente la pittura di Filiaci.

In una serie dal titolo *Lettere* (2000), Manuela Filiaci conduce questo Vexierspiel all'estremo in un quadro che, proprio perché si trova lì, dissolve l'effettivo quadro. Su uno sfondo giallo lucente scrive una lettera che poi viene via via ricoperta con numerosi strati di colore. Queste lettere sono sempre indirizzate in modo molto personale, dal titolo emanano una certa ossessione che le pervade ironicamente: *Lettera a me stessa*, *Lettera a Carlo*, *Lettera a mia madre*, *Lettera a mio padre*, *Lettere mai scritte ai miei figli*, *Lettera a gente arrogante e insensibile*, *Lettere che non voglio più vedere scritte...* L'autoironia di questo comportamento rende possibile aprire uno spazio figurativo effettivamente drammatico. Strato dopo strato la lettera scompare, si ammutolisce. E tuttavia rimangono delle parole, un tempo espresse, sulla tela. La loro esistenza si tramuta dalla modalità parlante a quella messa a tacere, ma dal non detto non possono far ritorno. Così come spesso i dipinti di Filiaci sono riempiti di suoni, anche queste opere risuonano per mezzo di quelle parole che una volta parlando, respirando, sono state poste su tela per poi scomparire sotto i mobili e oscillanti strati spaziali della pittura. Questi dipinti sono gli unici nell'opera di Manuela Filiaci, che tendono uno spazio senza che esso sia scandito da un disegno o da un oggetto. "Solo Rothko sapeva dipingere spazi vuoti", dice a volte Manuela Filiaci. Ma in questa serie *Lettere* le parole pronunciate, ma nascoste, sono sufficientemente oggetto. La loro risonanza vibra oltre, prosegue nello spazio che si espande sopra di esse e a causa loro. Solo nel tratto orizzontale del pennello la scrittura richeggia visivamente, ma il suono, l'energia delle parole un tempo pronunciate crea la profondità e la forza di questo spazio figurativo.

Proprio in questo Vexierspiel tra uno spazio dipinto, che è rappresentato sul palcoscenico del proprio spazio dipinto e in questo modo comincia a fluttuare, sta la profondità del mondo pittorico di Manuela Filiaci. La grandezza della sua arte però è che questa profondità si sviluppa, per così dire, segretamente. L'immensità nasce da un gesto del tutto occasionale, quando esilia i suoi alberi disegnati senza cima, senza radici, i rami fatti da tre scarne linee, quindi più lettera che immagine, su una tela che è tagliata in mezzo, così che i margini del dittico tracciano una forte linea divisoria attraverso il geroglifico dell'albero, e improvvisamente fanno di quello spazio incuneato il quadro stesso; in questo modo, in maniera tautologica, fanno della spaccatura tra il descrivente e il descritto il tema di *Precarious Unity* (2004). La perdita del quadro, che Manuela Filiaci pone nel quadro stesso, è comprensione della realtà e del mondo al di fuori della pittura, e tuttavia avviene proprio per mezzo di dipinti. Anche se qua e là nell'osservare questi rotoli, tele, scatole, nella camera oscura della nostra percezione lasciamo sorgere delle immagini, non possiamo però essere consapevoli di questa creazione immaginifica. Con ancora più estrema radicalità, come infine appare, Manuela Filiaci ci toglie sistematicamente la rassicurante e protettiva struttura superficiale del nostro abituale orientamento immaginifico, seppellisce la struttura illusoria dei nostri meccanismi di immaginazione e rigetta come mondo contrapposto e sfaccettato una realtà dipinta, che rinnova sempre la sfida alla contemplazione e alla riflessione.

1. Termine proprio della storia dell'arte che indica un quadro all'interno del quale, a un'osservazione più attenta, compaiono altre immagini oltre a quella che appare a una prima visione, *ndt*.

2. Jakob e Wilhelm Grimm, *Deutsches Wörterbuch*, volumi 1-22, Monaco, 1999, (ristampa della prima edizione, 1854 e seguenti), volume 3, riga 1297 e seguenti, citato in Horst Bredekamp, *Die Fenster der Monade: Gottfried Wilhelm Leibniz´ Theater der Natur und Kunst*, Berlino, 2004.

3. Pierre Gassendi, *Syntagma philosophicum*, volume 2, p. 406 e ssg., citato in Bredekamp, ibid.

4. Bredekamp, ibid.

5. Gilles Deleuze, *Le Pli*, Parigi, 1988, p. 31: "... L'inclusione, l'inhérence, est *la cause finale du pli*, si bien qu'on passe insensiblement de celui-ci à celle-là. Entre led deux un déclage s'est produit, qui fait de l'enveloppe la raison du pli: ce qui est plié, c'est l'inclus, l'inhérent. On dira que ce qui est plié est seulement virtuel, et n'existe actuellement que dans une enveloppe, dans quelque chose qui l'enveloppe."

6. Ingeborg Bachmann, *Der Fall Franza*, Monaco, 1979, p. 84.

7. Edmund Husserl, *Erfahrung und Urteil*, Amburgo, 1999, prima raccolta dei manoscritti 1928, p. 28 e ssg.

8. Edmund Husserl, ibid.

9. Joan Mirò, in un'intervista con Georges Dithuit, *Cahiers d'Art*, Parigi, 1936 ("Avez-vous jamais entendu parler d'une sottise plus considérable que l'abstraction-abstraction? Et ils m'invitent dans leur maison déserte, comme si les signes que je transcris sur une toile, du moment q'ils correspondend à une profonde réalité, ne faisaient pas partie du réel").

10. Novalis, *Die Lehrlinge su Saïs* (1798-99), Monaco, 1969, p. 96.

11. Gottfried Wilhelm Leibniz, *Monadologie*, capitoli 33-36, Stoccarda, 1998, pp. 28-29, citato e analizzato in Horst Bredekamp, op. cit., pp. 112-113.

12. Manuela Filiaci in un appunto via e-mail all'autrice, 6 giugno 2008.

13. *Dictionnaire des Symboles*, Parigi, 1969, vol. 1, p. 96 e ssg.

14. C.G. Jung, "Wandlungen und Symbole der Libido", citato in *Dictionnaire des Symbole*, Parigi, 1969, vol. 1, p. 112.

15. Michel Serres, *Les cinq sens. Philosophie des corps mêlés*, Parigi, 1991, p. 156.

Clessidra, 2007
olio su tela di lino / oil on linen
54 x 36 in. / 137 x 91 cm

The Reality of Images

Doris von Drathen

Space knows nothing of the ordering axial intersection we are used to inscribing in its immensity, and just as little does the sun "rise" or "set," and even less does the "horizon" divide the earth and the sky. Our habitual words and images are stronger than our scientific insights about a rotating world that revolves around the fixed star, the sun, about the earth´s curved surface which limits our field of vision and creates the illusion of that nomadic line that accompanies us, like our shadow. In the same way, our need to reduce the infinite space and to reassure our being-in-space has led us to forget that the lines of verticality and horizontality are indeed our invention, based on our limited experiences. Thus we live surrounded by and anchored to images that describe another reality, as if they were a protection against cosmic truth that fills us with terror.

The Image within the Image
When Manuela Filiaci investigates the background of these images in her painting, she reexamines the question concerning the broken contract between logos and cosmos, and transgresses the order of our customary surface-structures of space and time. Her works—scrolls made of paper, hung with two nails on the wall and pouring downward onto the floor; color-spaces painted in oil on canvas and oscillating in their depth; and rotating pictures painted on cardboard boxes—link radicalism and fragility as if these two qualities were not opposites. In the nineteenth century Rimbaud declared in a letter, "je est un autre" (the self is an other) and Mallarmé announced in a poem, "La vérité de la rose est l'absence de toute rose" (The truth of the rose of the absence of all roses), thus breaking apart—for the first time and in a manner fraught with consequences for the future—the ancient tautological order of the voice from the burning bush that could still proclaim "I am who I am." With the slightest of all means, namely, a few evocative words, these poets inaugurated a modernism predicated on the fundamental gap between meaning and object, between signified and signifying.

When Manuela Filiaci moved from Italy to New York at the beginning of the 1970s, she entered an art scene where this theme had long since become classical, the established ideology, and where revolutionary energy was expressed in taboo-breaking performances. However, the Italian painter, who grew up in the Palladian city of Vicenza and in the luxuriant color-bath of Venetian Renaissance painting but who began her study of art in New York, was seeking something else. Filiaci is able as a matter of course to proceed from the luminosity of Titian and the *sfumato* of Giorgione, from the profound dimensionality of Tintoretto and the columned arches of Palladio, and to enter into contemporary painting as if there were no great divide between these worlds, as is commonly maintained. And when she creates in her painting a space whose layers cause the customary vertical and horizontal axes to dissolve into uncertainty, when she shows that "speech speaks," that painting paints, that a picture stages itself, then she is working less from aesthetic or intellectual considerations than from an individual, experiential world, then she is transferring a human sensitivity into pictorial formulas which become a stage for viewers and mirror their own emotional and mental states.

Solitude (2000) is the name of a painting on a scroll almost two meters high and one meter wide: does it have three horizons or four? Dark green bands of color occupy the upper and the lower edge of the picture and constitute the border of a brightly shining, yellow color-space, in front of which a red, semi-transparent layer of color thrusts itself. A painted nail seems to indicate that this red surface may be a scroll that has not been fully unrolled. In the same way, it is scarcely possible to identify in what pictorial space the dimly outlined column is actually standing. Or is it standing at all? Ant-sized, as if seen from a great distance, it emerges from the yellow-reddish light-space. More a vague indication than an architectural construction, its tiny lines and hatchings describe the contours of a relatively oversized capital upon the shaft of a column without base or pedestal. This mirage-like apparition casts a projection into the space, and it remains unclear whether it is a shadow or a ray of light. What is certain is only that it quadruples its presence through this projection. Alongside it, comparable to the vaguely vibrating sounds of an echo, there seem to be additional columnar apparitions. Are these apparitions in the act of becoming or are they already fading away into nonexistence? Here, as in the domain between shape and intimation, the viewer who looks long enough can discover series of arches in the layer of red color, as if the presence of a labyrinth of arcades lying behind could not be excluded. Likewise waiting to be discovered in the dark green color-bands of the picture edge are submerged forms of curved lines, which evoke the ideas of ornamentation found in wrought-iron doors or balconies. That is what is so impressive about this painting: it is not images which are summoned up, but rather ideas about images, existential modes of images, or memories of images.

The picture *Archaeology* (1997) recalls impressions that have long been carried within oneself, that in the filter of memory have lost their fixed place and everyday proportions, that evoke shadowy patterns rather than distinct objects. What we contemplate is a wavy-blue pictorial space which seems to lie underwater and in which two architectural diagrams come to view. They are situated so as to mark a "down deep" level and a second level "right beneath the surface of the water," which is rendered like a horizon. One of these diagrams seems to refer to the structure of a screen partition or a series of open and flying window casements, but refer in any case to foldable walls; the other suggests a classical, triple-arched arcade. These two drawings, done in pastel, do not interrupt the flow of the space; instead, the space seems to flow through them as if they were projected into it. At the upper edge of the picture, the underwater space seems to be transforming itself into an expanse of sky. The watery surface along the edge of the sky is a wavering, permeable border, a space of passage which tends more to connect than to divide the two spaces of this painting. Even if the viewer becomes immersed in the pictorial space, experiencing it as a partly submerged, partly surfacing dream-space, nonetheless he is forcibly ejected from this illusion when his gaze falls upon the end of the scroll lying upon the floor; its reverse side is painted with scraps of green and yellow—in other words, with fragments that announce a continuation of this endless picture. But this announcement exposes the picture-riddle, the pictorial play which encounters and overwhelms the viewer with all its power of illusion, but which at the same time stages the picture itself and thereby subverts this illusion once again. The viewer's situation is comparable to those half-awake states in which someone dreams that he is dreaming and at the same time knows that he will soon wake up. What the empathetic viewer can experience here are precarious intermediate spaces and simultaneously dangerous moments—unstable and perilous because they conceal that menacing gap through which one peers into an unstructured, imageless emptiness devoid of reality, time, and space.

The viewer finds himself thrust into an even more radical confusion when the painting *Stop Is Not a Conclusion* (1995) appears on its own stage. A bright yellow, luminous space suffused with sunlight pours out from it and involves the viewer. The scroll whose rolled-up end gathers this stream of color is once again painted on its reverse side, where fragments of intimated, fanlike shapes and other foldable or triangular forms become visible in an outline of red lines. Like a mask, this joyous surface unrolls to reveal an inner image that is dominated by a jaggedly rising flame. A column placed in the middle (and again, only hinted at diagrammatically) appears very tiny, as if seen from afar, so that the large flame flickering and touching it flares up threateningly close to the viewer. The upper edge of the picture is marked again by an allusion to the contour of window casements or folded walls. This work does something that has hardly ever been done: it reveals with emphatic clarity a contrast between an external surrounding and an internal picture. It's as if an inner drama, a suppressed scream, had all at once broken forth—even though the outer band of the picture, like a mask, could once again roll up and terminate this revelation at any time.

The counterpart to this scroll seems to be *Fluctuations and Possibilities* (1997), an evocative work from the late 1990s: a flowing blue space is defined by horizontal currents and by black, hollowed, reef-like forms. Are these forms withstanding this flow, or being propelled into the pictorial space because they are the last fragments of former obstacles, now shattered and swept away? Appearing quite small upon the ground of this pictorial space, as if at a great depth, is again the drawn intimation of an extended arcade; like musical counterpoint, it offers a place of rest to this incessant stream. Once more, however, the segment at the outer end of the scroll lying upon the floor summons up the intuition of a totally different pictorial world, as if there were an external skin capable of protecting the revealed inner image and its reality from the surrounding domain.

In the 1990s these dramatically abrupt applications of paint, which can recall flames, scraps of clouds, or wood shattered by lightning, continue to appear in only a few pictures. This more dramatic formal world, distantly reminiscent of Clyfford Still—even if Manuela Filiaci feels no affinity with the heroic attitude of the abstract expressionists—tended to characterize her paintings of the 1980s. Consequently, when we regard these works in their respective contexts, the fiercely asserted forms from the middle and end of the 1990s can be viewed as echoing, dispersed signs.

With these images, what the viewer experiences is not so much a direct pictorial occurrence, but instead something like theatrical stagings, scenographies of a vague and undefined space in which these internal paintings emerge as if unveiled. Thereby they attain a detached, arbitrary character. Like the actors in Pirandello's *Sei personaggi alla ricerca di un autore* (*Six Characters in Search of an Author*), they acquire the appearance of images which always have been extant and now have surprised their painter with their presence.

Picture Riddles of the Pictorial Space

This impression of revealing surrender, however, is also conveyed by the type of paintings which are entirely unrolled. *Essence of Gravity* (1995) spreads out to the dimensions of 56 x 277 cm. Rapidly executed brushstrokes impart a fluttering movement to the entire space, as if a strong breeze were combing through the layers of air in one direction. The range of colors shifts from a bright moss-green, past a deep blue to a nocturnal black-green, and then back to moss-green. The sequence of changing light and hence of changing colors, which often seems to follow a cyclical rhythm, recalls the exchange of words in Isaiah 21:11 that characterizes our constant search for hope: "Watchman, what of the night? Watchman, what of the night? The watchman said, The morning cometh, and also the night." The space, which so vividly resembles a time container in accelerated sequence, seems not only to subvert the widespread notion of finding solace through hope in a better future by presenting a cycle of light and dark moments, but also to undermine the concept of being anchored to the ground by gravitation. Customarily associated with gravity is the idea that every individual's body is rooted in the earth. This is an image which grows purely out of the "pedestrian perspective." Move only a few spatial layers upward, and gravitation determines, not adhesion to the ground, but free fall toward the geocenter. *Essence of Gravity* offers for the first time an explicit formulation of the idea which all images trigger more or less intensely as an experience in the viewer: the fluctuation of the objects in space—their uncoupled falling and hovering, their delivering themselves over to the uncertainty of the spatial layers—thereby gives precise expression to an equilibrium and stability, as if fluctuation were only a slightly different tonality of gravitation. In this way it is possible for the white, hovering volume done in pastel to impart a center and fixity to this entire space pervaded by accelerated time; it even seems as if the long pictorial space could only exist in the perilous venture of an emptiness devoid of horizon because of this hovering volume.

The idea that order is to be sought precisely in fluctuation, in a lack of fixity, in permanently moving change, informs *Order By Fluctuation* (1980), one of Filiaci's earliest pictures. A dramatically rhythmic brushstroke imparts life to the forms set down on paper. Like a wound, a vulva-like semicircle appears in the upper reaches of the painting and stands like a constellation or like writing on the wall. Beneath it, along the lower edge of the picture, stretches a formal arrangement done in moss-green and earth colors that seems to conceal a red snake. The structural arrangement of these abstract applications of color recalls Michelangelo's gesture of creation. Is this a purely intuitive coincidence? Manuela Filiaci often seems to be unconsciously influenced by a wealth of classical imagery.

The architectural patterns of signs which become visible in the color-spaces of Filiaci's paintings of the 1990s and in later works—for example, the rhomboid gridwork; a high and narrow arched form; a fragment of column or floor, from which emanates a luminous sphere in bright blue-green-yellow that summons up associations of water—seem more to spread out a spatial dimension (to plumb depths, to establish perspectives, to create layerings of light and atmosphere) rather than to mark building elements. This becomes clear in *Everything Is a Hieroglyphic* (1994), a scroll almost three meters high and one meter wide. Once again, the painting rolls itself out all the way to the floor, displays a reverse side which continues the color-space of the upper pictorial surface, and prompts us to intuit a spatial continuum of which we see only one segment. Visible at the upper edge of the picture is a color-band whose dark hues vary the coloration of the bright pictorial space, but also corresponds to the reverse side of the scroll lying upon the floor. This gives us the impression that the color-space we see right in front of us had been partially released, that a spatial layer had been cut into so as to adumbrate a background dimension, in front of which the brightly luminous space delineated by the rhomboid grid-network only then opens up as yet another spatial level. Once again, the pictorial manifestation seems to occur, not as a direct event, but as the revealed idea of an image which has always been present but which, at the very next instant, could once again withdraw into its enclosing space.

This concept of painting can be traced in Manuela Filiaci's oeuvre back to some of her earliest works. At the beginning of the 1980s, she soaks porous papers with earth- and ochre-colored oil paint until they have the consistency of canvas, and works them over with seemingly archaic forms, geometrical signs, diagonal lines, or triangular shapes. The edges are irregular, and the surface is uneven. Only a small section of this surface is revealed to the viewer, who doesn't know what it conceals, because the papers are rolled together. One gazes at the outside of these closed-up scrolls, whose cocoon-like bodies rest in front of the wall upon two iron pegs. Filiaci entitles this group of works *Warped Geometry*. What the viewer sees are linear fragments. Some evoke associations with blood vessels and skin textures; others display geometrical forms that recall African design. In fact, Manuela Filiaci spent several years in Nigeria, from 1966 to 1970. Only after ten years, at the end of 1979 and during 1980, did she begin work on the scrolls, which she first spontaneously named *Serie dell'Africa*. Later she assigned them their final title, *Warped Geometry*.

These paintings have something untouchable about them; some even refer explicitly to their sealed secret by means of the ribbon of paper which is wound around the folding. Prayer rolls, and possibly even a ruse designed to circumvent the Biblical prohibition against imagery come to mind. But these silent pictorial witnesses, these folded-up paintings seem to be based much more fully on the phenomenon of folding and the fold. In its treatment of the history of meanings for the word *Falten* ("fold"), the dictionary of the Grimm brothers mentions first that of the cloth "in garment, gown and scarf"; in second position stands that of the skin and the face; and finally comes that of the "heart, senses, soul, mind."[1] Leibniz uses the term in all these meanings when he sees in the fold a metaphorical complex of the universe. Possibly inspired by Pierre Gassendi's concept that the vast quantity of memory traces can be preserved in a texture made up of myriad increasingly tiny folds,[2] Leibniz imagines a universe impelled by an active energy which, as an enfolding-machine that differentiates itself with endless depth in an interior direction, smoothly and ceaselessly compels its composite parts into constantly new spiraling and circling movements and new enfoldings. Here there are no empty spaces or atomic particles, but only matter that layers and enfolds itself in curved space.[3] Leibniz thus turns what at first seems like a banal phenomenon—namely, the transformability of folds in a length of cloth—into a model of cognition, and he expands this view of cosmic space as consisting of a sphere folded within itself into a theory of all aspects of life.

Manuela Filiaci touches upon the layers and folds of the mind and memory in a more intuitive manner when she compares her artistic activity to the simple gesture of folding up a letter. She often speaks of the *parità delle cose*, the equality of things. She renounces the hierarchy that values large over small events. The most everyday object, such as a glass of water tilted at the edge of a table, can become a symbol. An insignificant gesture can become the point of departure for an imposing mental edifice. Precisely this is the unmistakable aspect of her work: Filiaci observes simple everyday life, and from it she creates images which have such a strong presence and gracefulness that one sometimes stands before them in terrified amazement, as if struck by lightning. For these presences possess something of the directness of primal temporal witnessings which first come to pass through their sheer existence, revealing themselves as time-containers even if they do not unfold their pictorial secret. The obscure interior life of these closed scrolls, however, belongs to the raison d'être of a folding per se. This is the point of departure from which Deleuze approaches this complex of phenomena: "Inclusion, inherence is *the final cause of the fold*, so that one passes imperceptibly from this one to that one. Between the two there has arisen a discrepancy which turns the envelope into the existential ground of the fold: that which is folded is the included, the inherent. One will say that what is folded is purely virtual and only exists in the enfoldment, in something which envelops it."[4] In other words, the one who enfolds decides whether that which is enveloped is "nothing," pure emptiness and darkness, or whether precisely this darkness is possibly the nourishing ground for another, surely existing world.

In the oeuvre of Manuela Filiaci, the dynamism, the actual hazardous venture of her large, space-encompassing scrolls, can first be sensed against the background of the folded-up, hidden, cocoon-like pictorial bodies of the early 1980s. Common to both groups of works, however, is this concept of the painting. It is not just a two-dimensional surface of illusion hanging upon the wall, but rather is an object which takes control of space. Even if the early, hermetically closed, fragile scrolls with the half-ironical title *Warped Geometry* are small in size (they measure only 6.5 x 15.5 cm), nevertheless their characteristic of being the container for an invisible picture makes them seem like bundles of energy, which then radiates out into the surrounding space. On the other hand, the unfolded scrolls pouring outward enter into competition with the surrounding space. It's as if a film actor were to emerge from the screen and step out into the theater.

Concerning the Manifold Nature of the Horizon
It is not so much the production of the picture but rather the phenomenon of its presentation that becomes the formally constituent theme of the large paintings on scrolls. The viewer finds himself situated upon a double bottom—on the floor of a room, at the foot of a scroll—and thus can relate physically, in a tautological sense, to the fluctuating space which he feels out with his eyes.

But the pictures painted in oil on canvas from the years 2005 to 2007 draw the viewer entirely into the pictorial reality. If the floor begins to wobble beneath the viewer's feet, it is a direct effect of the overwhelming experience of the pictorial event, rather than of the undermining of this illusion. Getting our bearings becomes a challenge; our surroundings seem to be not nearly as secure as they once were. The paintings of Manuela Filiaci have the power of breaking apart and reconstituting our everyday perceptual patterns. "For the facts that make up the world—they need the non-factual as a point of view for being recognized."[5] The contemplation of what is immaterial and devoid of objects, the intense encounter with what is foreign to us not only liberates the senses but also releases new energies for use upon the vital things that we attempt to dominate by force of will and that often threaten to block us.

Such a moment of detached contemplation may be vividly experienced in front of the painting *C'era una poesia di Enzensberger* (*There Was a Poem of Enzensberger*, 2006). In all the strangeness of an incomprehensible Other, two hovering containers emerge in a space which is filled with a deep-blue, substantial nocturnal material. It seems as if the objects were being carried by this nocturnal material: one container drifts through the upper area of the picture as if illuminated by a mysteriously early, reddish sunlight, while the other container, as if it were a concentration of this darkness, has consolidated it into a cubic volume of substantial night. Taking a longer look awakens associations, as if volumes of light and dark were being set opposite one another. After further contemplation, it seems as if these objects in the space without horizon were replacing this horizon, as if they were making it possible to achieve that daring feat of grasping through painterly means this sort of space that has only space itself as a theme.

The viewer experiences something similar when looking at the picture *Contamination* (2006–2007). A space spreads out in various layers of light and intensity. A dark, upper color-band is detached from a cloudy, bright one; the bright band then collides with a dark strip of color that gradually becomes bright but is without boundaries. This creates a sort of nebulous, free space for the pictorial event: three columns connected with each other by a concluding cornice-construction seem to subside into a turquoise-colored, watery vapor. The cornice of the row of columns constitutes a striking horizontal in the pictorial structure, just as if a third horizon line were extended here.

This multiplication of horizons occurs often in Filiaci's pictures, in both older and newer ones. In the *Cosmic Series* from the end of the 1990s, the theme becomes so insistent that one can quite legitimately deem it a formally constitutive element. *Deep* (1997), for instance, is one picture from this series. Here not only the space, but also the objects placed in that space—for example, the white, elongated volume done in pastel and hovering in a deep, midnight-blue space—are painted as floating. The layers lying behind one another, which surround it and seem to carry it, themselves form horizontal boundaries, markings, divisions. But at the upper edge of the picture a blue-black form, recalling the reef-like fragments from the picture *Archaeology*, seems to expand its lower edge into a horizon line. This leitmotivic repetition of the multiple horizon brings to mind Husserl's universe of ideas. "Each detail," he writes, "contains a universe, each fragment could be opened endlessly all the way to its innermost limits. Flowing inevitably into our observation is the recognition that every object is a reservoir of layers of appearance. When we observe, we include consciously or unconsciously our entire experience." Therefore, Husserl goes on to explain in more detail, one must essentially be able to distinguish among three horizons. "Every experience has its experiential horizon, each has its core of real and definite taking notice, has its contents of directly self-given certainties, but past this core of definite identity, this actual givenness, it has its horizon." But Husserl again breaks down this experiential horizon and states: "Every experience is to spread out in a continuity and explicatory interlinking of partial individual experiences," so that "that which is actually experienced still endlessly has a horizon of possible experiences of that same one." And he concludes: "Thus every experience of a single object has its inner horizon, . . . the induction, essentially indivisible from it, in each experience itself." But at the same time, so Husserl postulates further, as a consequence "every experienced object also has an open, endless external horizon of accompanying objects, of ones to which at the moment I have not turned my attention, but toward which I can turn (in comparing or distinguishing) at any moment." After these considerations, Husserl comes to the following conclusion: "In this manner, everything that is non-sensory also participates in sensory nature; it is being out of the world, being in the one spatial-temporal horizon."[6]

Whereas Husserl establishes a new relation for the experience of reality that is centered on the fact that "each real object which enters into experience as something new is situated in the world horizon and as such has its own inner horizon," the quintessence of his theory ultimately states, in what is a revolutionary expression: "The existence of something real accordingly never has another meaning than non-existence, as being in the universe, at the open horizon of spatiality and temporality"—that is, at the horizon of known and unknown objects.[7] In other words, nothing we perceive is detached from the fundamental experience of our "being-in-the-world," our subjection to gravity, to change, to becoming and passing away. At almost the same time as Husserl was writing, the physicist Werner Heisenberg formulated his Uncertainty Principle, which unsettled and frightened the world. His insight remains valid today: nothing can be definitively measured; the mutability of that which is measured and that which measures it cannot be separated from the act of measuring.

This background has been expounded in such detail and conjured up with numerous quotations because there seems to be an absolutely fundamental key to the oeuvre of Manuela Filiaci lying within this conceptual world. Of course the artist does not concern herself with Husserl, and then go on to paint her pictures. She develops her pictorial world in an entirely intuitive manner; she thinks in images. But what is so brilliant about these paintings is that they are images of reflection which, upon being translated into words, emerge at the place where Husserl and his ideas of multiple and multilayered experiential horizons are to be found. Could there be a better way to designate those volumes hovering in the space of Filiaci's paintings than with Husserl's concept of an "experienced object"? Objects of experience can come in equal measure from real, everyday experiential surroundings and from conceived, dreamed, desired, remembered worlds. No matter which realm produces them, the power which experienced objects exercise over the viewer is equally strong, for what connects them is that universal "spatial-temporal horizon of being." They also share the domain of dreams and desires, which is "out of the world" and therefore contains for the viewer, in spite of its foreignness, a strong aspect of something unknown, even if it seems to be unnamable, incomprehensible.

Thus the contemplation of such pictorial spaces as those of Manuela Filiaci can be understood as a sort of exile within one's daily rhythm, a momentary pause, the space of a zero-point. Present in these domains is sometimes a spatial, sometimes a temporal element of experience. In the painting *Gravity* (2007), just such a spatial realm extends outward; the work's actual dimensions (137 x 91 cm) are expanded by the illusion of the pictorial space into indefinability, into infinity. A glistening, watery surface creates a white spatial texture which condenses more and more toward the upper edge of the picture into midnight blue. Similar to the skeleton of a horizontal spine, there extends laterally through this space a bright, transparent structure consisting of a white, linear network of polyhedrons that spread outward through a second series of outlines—outlines that are more intimated than drawn, and which would recall shadowy columns if their presence were not so uncertain and involved in a constant arising and subsiding. So the viewer's first, hasty association with a bridge construction must be rejected, because what appears essential upon longer observation is rather the impression of an emergence out of darkness by the photographic negative of a linear structure, one which translates an ephemeral material such as steam or clouds into an infinite geometrical form. This linear system recalls Tony Smith's sculpture *Smoke* from the 1960s, with the distinction that these intimated contours just manage to retain the fleeting nature of steam or clouds. Right behind this network of luminously white, foggy lines opens a dense nocturnal space, a darkness which in its impenetrability becomes a container of all things. It's just as if with this long, horizontal skeletal form a sort of border or threshold were being established, or as if a long net were stretched as a filter or weir between the glistening light and the night. Upon further contemplation, it ultimately seems as if there had been created only an opposition to the flowing forms of the water, as if the structuring, filigree polyhedrons were something like an endlessly proceeding geometry consisting of mist and the idea of a horizon, as if the immaterial still-

ness of this zero-point space had become an elongated spiderweb. As if one
could jump over one's own shadow, as if one could escape the ligature of the
limiting, nomadic line which goes with us—in front of us, behind us, around
us—and reminds us of the limited radius of our field of vision, so all at once
there appears a horizonless space filled with bright, white-gray scintillation and
pink-colored, mirroring reflections. After further gazing, there emerges from
the bright shimmer an amphora-like form that gradually takes on the shadowy
shape of an hourglass. Although this element seems to be withdrawn like a
mirage, still it gives rise to a temporal aspect. But just as the horizontal web of
lines in *Gravity* was unable to define a site, here, with the hourglass, time is
actually measured—or rather, reference is made to its influence.

The picture entitled *Clessidra* (Hourglass), created in 2007 and measuring
137 x 91 cm, recalls Gerhard Richter's *Seestücke (See-See)* from the early 1970s.
In his investigation of the horizon, Richter uses this border as a transitional
passage and seeks an abstraction which could be deduced from this zero-point
space, and then goes on to begin his great series, the *Gray Paintings*. Filiaci
has never been interested in this type of category, but instead, she has worked
on causing the presence of the image to emerge as a living being. This reality,
the reality of the picture, is more important for her than any category. In her
liberated attitude toward abstraction, Filiaci may be compared to Miró, who
thundered: "Have you ever heard of a more arrant stupidity than abstraction-
abstraction? And they invite me into their empty house, as if the signs that are
transcribed onto a canvas, from the moment when they correspond to a profound reality, were not a part of the real."[8]

The flowing, horizonless space in Filiaci's paintings can indicate a moment
when the parameters of place and time dissolve, because the surface structures
of this texture that we call reality are being dispersed, and scarcely more

*Three Wooden Boxes and
Scroll (Veronica superstite
One)*, 1980
olio, pastello a olio su legno /
oil, oil pastel on wood
14.5 x 14 x 19 in. / 36,8 x 35,6
x 48,2 cm ognuna / each

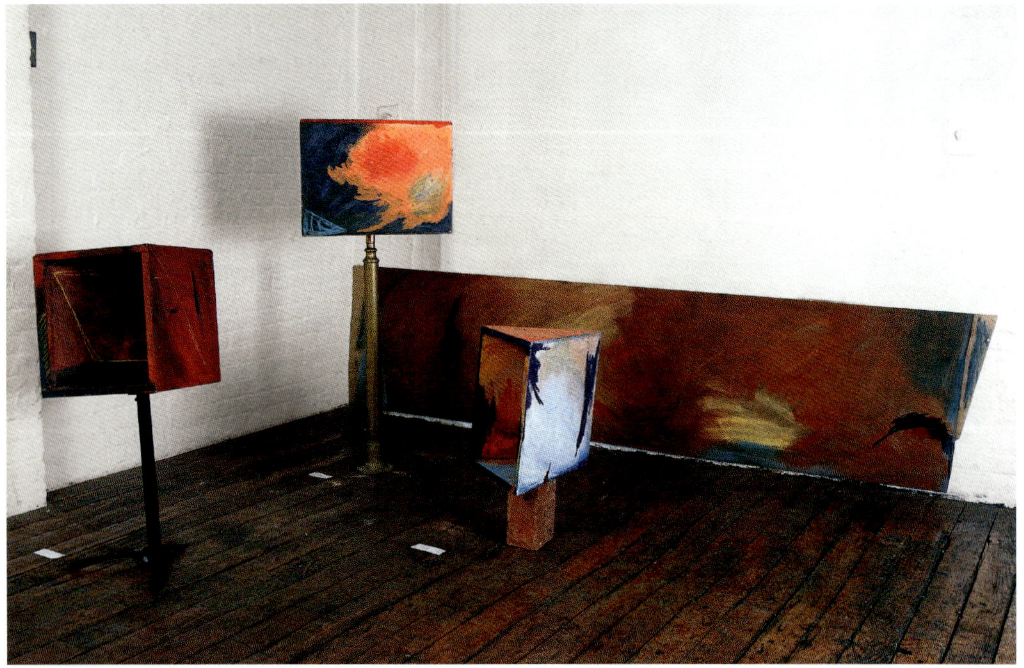

remains than the uncertainty of a state of suspension. Experiencing such moments does not belong to the realm of reverie, detached from reality, but instead depends on an enhanced perceptual ability, on a state of awareness which is sufficiently open to endure the gaps between the successive instants of structured time, between the mutually interwoven sites in space, and to delight in these gaps instead of covering them over. For Manuela Filiaci this gap, this intermediate space, constitutes the challenge of her work, so that her painting becomes the fragile terrain of this very uncertainty.

Concerning Spatial Axes and Successively Contained Systems
A body shaped like a blunt pyramid and drawn only in outline with pastel wafts through a horizonless space spread out in a deep midnight blue; it seems to strive headfirst, according to our concepts of gravity, toward an invisible ground. Or does the fluctuating, scarcely discernible white line mark the edge of an ocean whose base is a row of stylized shells, likewise only hinted at with pastel? This painting, entitled *Nostalgia*, belongs to the *Cosmic Series* (1997); it shows, as do only a few works by Filiaci, forms of an organic geometry. And strangely, if we look at this painting for a long time, there arises something like a distant correspondence between these shells, which seem to contain the entire ocean in the murmuring that we hear when we hold them to our ear, and the hovering, geometrical bodies suffused by sea-space. It is very much as if on an abstract level—namely, on the level of their function as resonance chambers for the surrounding space—they were the same in spite of all formal differences.

This theme of an affinity between geometrical and organic forms arises anew in *La spiaggia al di là* (*The Beach Beyond*), another picture from the *Cosmic Series*. Its upper edge is bordered by a bright, cloudy swath of color, beneath which spreads a deep, midnight-blue space. Flowing through this entire space are fine horizontal lines in pastel, which are hinted at rather than drawn, and which recall a variety of images: a musical stave; beaches and shorelines repeated and stacked up in memory; and also ways of marking accumulations of time, such as the divisions of an elementary calendar. Along the lower edge of the picture are some of those shells whose concentric linear formation brings to mind the rings created each passing year by accumulating layers of lime. During longer contemplation both linear formations, the organic and the geometrical, enter into a mysterious connection, as if in their innermost natures they arose from the same principle. They may even have belonged to that "cipher-script" with which Novalis designated the "coincidental patterns" or the linear traces of nature.[9]

Whoever brings this perspective to bear upon the geometrical forms of the columns in Filiaci's oeuvre will soon encounter an entire series of paintings in which much more than a simple affinity between geometrical and organic formal language is to be seen. There the viewer is faced with utterly enlivened, breathing, pulsing architectural elements. For example, the columns composed of rhombuses in *A Distant Dialogue* (2005) seem to suffuse the large intermediate space between them with an energetic attraction; one could even think that the right-hand column is slightly bending toward the other in an S-shape. The picture *Remote Proximity* (1990) also seems to be enlivened by a similar dynamic relation, in which parts of the painting strive both toward and away from each other. In the intermediate space of the columns, this tension is accentuated by a struggle between colors: a bright red wrestles with an ascending, separating blue. In this context, we notice that, in the middle of the canvas *Spontaneous Order* (1991), the capital of a column and a triangle—that is, the components of a Palladian lateral attic—are drawn with blood-red contours and are placed to look as if they had been cut into skin; the corners of the triangle have even begun to flow, as if they were bleeding wounds.

The viewer can comprehend such images only with the same regard by which they were created—with an eye which does not observe the *res ipsae*, the "things themselves," as Leibniz expressed the distinction, but with an eye of intuition that sees the "signs" and hence seeks after infinity. The enlivened world of objects which comes forth in Manuela Filiaci's oeuvre first opens up in its deepest dimension when seen against the background of Leibniz's insights into "minute perceptions." In his investigations into the sensory perceptions, which, like a stimulus, can bring to unfolding the predetermined resonance of the human soul with the entire cosmos, he describes how the sensory impression of the murmur of the ocean, for instance, affects both body and soul at once. For him these "minute perceptions" are of the greatest importance, because with the images of sensory imagination they create the impressions "which are made on us by surrounding bodies, and which contain within themselves the infinite element, the connection which each living being possesses with the entire universe."[10]

The extensive group of pictures of trees that Filiaci painted over a period of three years can summon up a wide variety of inner images which are all directly inscribed in a universal world of myth and which, like Husserl's concept of a multilayered horizon, may be examined successively. In one of those paintings, two Indian-yellow tree axes frame an intermediate space which likewise fluctuates in various shades of yellow and which seems to spread infinitely into the depths as profound emptiness. The picture is called *Infinito/Indefinito* (2006), for in painting this picture Manuela Filiaci was reminded of a statement by the French artist Yves Klein: "I think that the color yellow, for example, is quite sufficient in itself to render an atmosphere and a climate beyond the thinkable."[11] As if from a close-up perspective, the viewer looks at the middle trunks of the trees; neither the crowns nor the roots are to be seen. Their vertical, central section also evokes an encounter at a minimal distance. The few short branches which protrude into the middle pictorial space are bare and refer to the existential passage of wintry death before the regeneration of spring begins anew, for the tree is present in all mythologies as a symbol of the cyclic stages of cosmic evolution. But the tree is also an *axis mundi*, a vertical axis that connects the various realms of the world: its roots stand in the underworld, its trunk measures out the domain of the living, and its crown attains the heavenly heights. Associations of this sort are awakened by the painting of a blue, airy tree that sprouts leaves and is rendered only in contour; only half of its trunk extends into the heavens, as if the other half stood outside the canvas. Even without the unambiguous title *Spring* (2005), the viewer senses that in this tree, despite its airiness, the sap is rising, budding is under way, and new life is emerging. In many ancient cultures, trees were worshipped as divinities because their cyclical renewal made them seem immortal, and their towering height connected heaven and earth; but supernatural power was attributed to them above all because they were seen as perfect beings that combined and embodied the four elements: water circulates with the sap, earth receives the roots, air nourishes the leaves, and fire flames in the branches.[12] In a picture such as *Whimsical* (2003), on the other hand, it seems as if the trees whose contours are indicated in pastel belong to that hieroglyphic writing which is considered in the painting *Everything Is a Hieroglyphic* (1994). The linear system of the four trees extends like a grid across the entire picture and almost overlaps with the outlines of the wings of a screen or foldable wall which may be surmised beneath the blue ground of the pictorial space. This linear system recalls the diagrams of curved rows of columns, viaducts, and arcades which appear so often in Filiaci's works. What is hinted at here, though, is something like the writing of a memory, a desire, or an irony.

An entire complex of connotations, on the other hand, is awakened in the painting *Transition* (2006), when once again worlds of geometrical and organic form—constructed and grown objects—enter into resonance, giving rise to another level of meaning that enters into the awareness of the observer. In a space flooded in blue, there emerges the vague shadow or the visual echo of an almost branchless, leafless tree that once again is rendered in close-up, so that neither crown nor roots appear, but only the trunk, which crosses the picture like a vertical axis with neither beginning nor end. In the middle of the shadowy tree, a pale red tetrahedron appears. The right edge of the painting is bordered by a red line from which a branch protrudes abruptly, as if the presence of a red, living tree were being registered here in a section that continues outside the painting. The three presences seem to be engaged in conversation with one another, or perhaps in an encounter involving three manifestations of one and the same being. The color red connects the tree standing outside the picture with the tetrahedron and perhaps indicates that it is made of wood; the forms of the red tree and the shadow correspond to each other. Among the three signs there begins an interweaving and exchange, a sort of temporal dynamism involving past, present, and future—which, however, does not proceed linearly but instead becomes a dancing will-o'-the-wisp. At the same time the sign of the tetrahedron, emerging abruptly into the space where it hovers freely, recalls ancient frescoes in Ostia Antica or Pompeii, for instance, when a figure, a flower, a column, or a sarcophagus suddenly detaches itself from a colored background and tends more to measure out a pictorial space than to be depicted for its own sake. But in the space which in the picture *Transition* stretches between the signs, the objects have the function of catalyzers; their presences, which are inserted into a temporal layering, transform them into the actual theme. The whirring space interweaves the signs into the constant passage from beings which replace each other successively, each one being already present in its predecessor. The form constructed out of red wood, the tree-container in the middle of the painting, recalls the ancient myth of the "death-tree." Setting up a logical cycle, the legends say that man originally climbed down from the trees and that he must be buried in a tree in order to be able to be reborn from it.[13] For a long time in the German language, "death-tree" (*Totenbaum*) continued to designate a coffin. Without actually being familiar with this myth, Manuela Filiaci touches with the unconscious precision of intuition on this field of meaning, a cycle between coffin and life-giving tree trunk.

Viewed from this perspective, the tetrahedron refers in its series of contained forms to the metaphorical complex of successively layered coverings and boxes, just like Michel Serres describes the human individual as a resonance chamber of sound and language which establishes itself in a boxlike system, surrounded by the social shell, the framework of the house, and finally by the box within the box—the hidden place of sleep, itself furnished with layered sheets and blankets, protected by integuments of language and imagery. Serres concludes that it is an error to believe that our life can be understood as a "being-in-the-world," for even the exterior of our house does not open onto the world, but instead onto the successively boxed system of the city.[14]

This metaphor seems to unfold in all its powerful impact in an extensive series of works which, from the very beginning of her career, Manuela Filiaci has always continued to develop parallel to her paintings: a world of three-dimensional images on painted containers and crates which she calls *Boxes*. Many of them have been retrieved from the garbage and transformed into the richly colored, open stages of rare shows. Others, constituting the largest part of these works, are unfoldable cardboard boxes purchased by the dozen in the standard industrial dimensions of 13.5 x 20.5 cm. They are a product of the American container industry, an industrial branch which, parallel to the overflowing market of consumer goods, constantly offers further extended systems of storage. It is exactly the banality of this material which sparked Manuela Filiaci's enthusiasm. The unfolded cubes are coated with a solution of white plaster and then painted on each side with a different colored background and multiple signs; thus they evolve by the hundreds into a immense puzzle consisting of pictorial surfaces which change their face with a simple rotation. This appearance of quickly changeable, semiotic bodies which, like a kaleidoscope, can set up a different pictorial space in each moment, arises when the *Boxes* are mixed randomly and placed without deliberation in a bookcase filling an entire wall. They are a reminder less of a picture-wall than of the text-walls of a recently developed or long-existing hieroglyphic language which inscribes the signs of architectural elements, vegetative and geometric forms, spirals, fans, rainbows, windmills, miniature landscapes, fantastical comets, spiderwebs, or hourglasses onto red, blue, or yellow color-surfaces, thereby subverting the all-too-heroic world of modernism with an ironically playful anarchy.

One of the first *Boxes* was *Veronica superstite* (*Veronica the Survivor*), dating from the beginning of the 1980s. The title plays somewhat ironically with the fact that the artist saved the container from the trash and hence helped a "*vera icon*," a genuine representation, to survive. Filiaci herself says about this *Box*, which is diagonally cut through so that, in the form of an open tetrahedron, there arises a small space which is painted on the bottom and all over the inner and outer walls with glowing colors and jaunty, Matisse-like, dancing figures: "In fact *Veronica superstite* is for me something like a stage, like a play in which a picture plays itself."

Like the closed scrolls of the series *Warped Geometry*, these boxes are containers as well. Some of them are painted inside, others are not; all of them contain a space of darkness. But in contrast to the rolled-up image, with the *Boxes* the pictorial event is so forcefully projected outward that the viewer has the impression that only the surface matters.

The Gap

But apparently the box as the container of an interior, unknown space of darkness is just as important as its surface, because otherwise it would not be the case that both themes are to be found in Manuela Filiaci's paintings. *Something Absent* is the name of a large painting on canvas measuring 137 x 91 cm from the year 2000. At first glance, one sees a vivid, blue waterfall bordered by a sky suffused with yellow. But upon a closer look, the horizon of this picture, which has been all too quickly labeled a sea-piece, begins to vacillate. It is unclear whether this vacillating horizon is generating a picture for another picture; what is certain is the existence of a horizontal painterly structure which attains depth through gradations of light and dark. A few strokes—which, once again, are more a written figure than a drawn object—create the hint of an ashlar. Is the diagram intended to be a reminder that there was once a box here or an announcement that at some point one will be situated here? Only one thing is certain: that it is a work of ideas, arisen out of the mind's darkroom without having relinquished its vague mental image; it is a sign without the thing signified. This is also the situation with the picture, which clearly does not establish any illusion but instead paints the act of painting, creates layers of color, gives rise to a horizon that remains a pictorial horizon, and deliberately does not seek salvation beyond the painted framework in the illusion of a projected image lying outside. In *Something Absent*, the something that is eclipsed or absent is the image, which nevertheless is set up, is contained, and could arise in the resonance chamber of its counterpart, or in the eye of the viewer, who, as if in a distant mirror, gazes upon the sunken diagram. In other words, what comes to expression in this painting is precisely the concealed darkness of the containers, the inner space of the stage.

In contrast to this inner space, the scrolls from the year 2007 seem, with the jesting gaiety of Giovanni Domenico Tiepolo (son of Giambattista), to pour out a kaleidoscope of richly colored rhombuses into the space, as if here the surfaces of the *Boxes* had now been returned to their enfolded two-dimensionality. The paintings in the *Flat Box Series* (2007) are scrolls measuring approximately 304 x 107 cm, and painted with thick layers of oil. But here as well the mosaic of the red, blue, and yellow rhombuses seems to stretch like a second skin over a spatial layer lying below. In one painting from this series, this lower spatial layer manifests itself as an open sky which is being covered over, section for section, by the masklike grid of rhombuses. The theme of the picture, which achieves a self-staging until no more picture remains, is a leitmotivic feature of Manuela Filiaci's painting.

In an extensive series entitled *Lettere* (*Letters*, 2000), Manuela Filiaci carries this pictorial riddle to an extreme, creating a picture which, simply by virtue of being there, extinguishes the actual picture. Upon a luminous yellow ground, for instance, she writes a letter that is then gradually covered with several layers of paint. These letters are always personally addressed, and a certain ironically subverted obsession speaks from the titles: *Lettera a me stesso, Lettera a mia madre, Lettera a mio padre, Lettere mai scritte ai miei figli, Lettere a gente arrogante e insensibile, Lettere che non voglio più vedere scritte*, and so on.[15] The self-directed irony of this activity makes it possible to open up a truly dramatic pictorial space. The letter disappears, falls silent, layer by layer. And yet the words, once having been pronounced, remain upon the canvas. Their existence is transformed from a speaking into a silent mode, but they cannot return to the realm of the unspoken. The paintings of Manuela Filiaci are quite often filled with sounds, and the pictures in the *Lettere* series echo the words which were once, speaking and breathing, placed upon the canvas, only to subsequently disappear beneath the weaving, vibrating spatial layers of the painting. These paintings are the only ones in Filiaci's oeuvre which create a pictorial space that is not measured out by even a single sign or object. "Only Rothko could paint empty spaces," Manuela Filiaci sometimes says. But here in the *Lettere*, the expressed but hidden words are object enough. Their resonance pulsates and vibrates, eventually pervading the pictorial space which spreads out above them and also because of them. The writing continues to resonate visually only in the horizontally executed brushstrokes, but the sound, the energy of the once-spoken words, constitutes the depth and presence of this pictorial space.

The fathomless profundity of Manuela Filiaci's oeuvre lies precisely in bringing this pictorial riddle to bear upon a picture, which then appears upon the stage of its own pictorial space and thereby begins to hover and to fluctuate. Her consummate art, however, is to create this profundity nearly imperceptibly, almost casually. A truly prodigious aspect arises out of a seemingly incidental gesture when, for instance, she places one of her tree-signs—without crown, without roots, with branches indicated by only three scanty lines, more letter than picture—upon a canvas which is divided in the middle, so that the edges of the diptych draw a sharp, separating line through the tree-hieroglyph, thereby suddenly turning the stretcher into a pictorial sign tautologically thematizing the gap between the signifying and the signified. The painting described here points to that gap in its title, *Precarious Unity* (2004).

The pictorial loss which Manuela Filiaci depicts is a cognition of reality and the world beyond the painting of pictures, yet it occurs precisely with painted pictures. Even if here and there during the contemplation of these scrolls, canvases, and boxes, we give rise to images in the darkroom of our perception, we cannot avoid becoming aware of this very creation of images. With a far more extreme radicalism than is at first apparent, Manuela Filiaci systematically removes the assuring, protecting surface-structure of our customary pictorial orientation, undermines the illusory structure of our imaginative mechanisms, and designs a multifaceted counter-world, a pictorial reality which, in ceaseless impetus, challenges us to contemplation and reflection.

1. Jakob and Wilhelm Grimm, *Deutsches Wörterbuch*, vols. 1–33, Munich 1999 (reprint of the first edition, 1854 ff.), vol. 3, col. 1297 ff., quoted in Horst Bredekamp, *Die Fenster der Monade: Gottfried Wilhelm Leibniz′ Theater der Natur und Kunst*, Berlin 2004, p. 14.

2. Pierre Gassendi, *Syntagma philosophicum*, vol. 2, p. 406 ff., quoted in Horst Bredekamp, ibid.

3. Horst Bredekamp, ibid.

4. Gilles Deleuze, *Le Pli*, Paris 1988, p. 31: ". . . l'inclusion, l'inhérence, est la cause finale du pli, si bien qu'on passe insensiblement de celui-ci à celle-là. Entre les deux un décalage s'est produit, qui fait de l'enveloppe la raison du pli: ce qui est plié, c'est l'inclus, l'inhérent. On dira que ce qui est plié est seulement virtuel, et n'existe actuellement que dans une enveloppe, dans quelque chose qui l'enveloppe."

5. Ingebord Bachmann, *Der Fall Franza*, Munich 1979, p. 84.

6. Edmund Husserl, *Erfahrung und Urteil*, Hamburg 1999, first compilation of the manuscripts 1928, p. 28 ff.

7. Edmund Husserl, ibid.

8. Joan Miró in an interview with Georges Dithuit, *Cahiers d'Art*, Paris 1936: "Avez-vous jamais entendu parler d'une sottise plus considérable que l'abstraction-abstraction? Et ils m'invitent dans leur maison déserte, comme si les signes que je transcris sur une toile, du moment qu'ils correspondent à une profonde réalité, ne faisaient pas partie du réel."

9. Novalis, *Die Lehrlinge zu Saïs* (1798–1799), Munich 1969, p. 96.

10. Gottfried Wilhelm Leibniz, *Monadologie*, §33–36, Stuttgart 1998, pp. 28–29, quoted and analyzed in Horst Bredekamp, *Die Fenster der Monade: Gottfried Wilhelm Leibniz´ Theater der Natur und Kunst*, *Op. cit.*, pp.112–113.

11. Manuela Filiaci in an e-mail notice to the author, June 6, 2008.

12. *Dictionnaire des Symboles*, edited by Paris Seghers, Paris 1969, vol. 1, p. 96 ff.

13. C.G. Jung, "Wandlungen und Symbole der Libido," quoted in *Dictionnaire des Symboles*, ibid., vol. 1, p. 112.

14. Michel Serres, *Les cinq sens, Philosophie des corps mêlés*, Paris 1991, p. 156.

15. Manuela Filiaci in the interview with Doris von Drathen published in this book, p. 59. *Letter to myself, Letter to my mother, Letter to my father, Letters never written to my sons, Letters to arrogant, stupid, and insensitive people*16

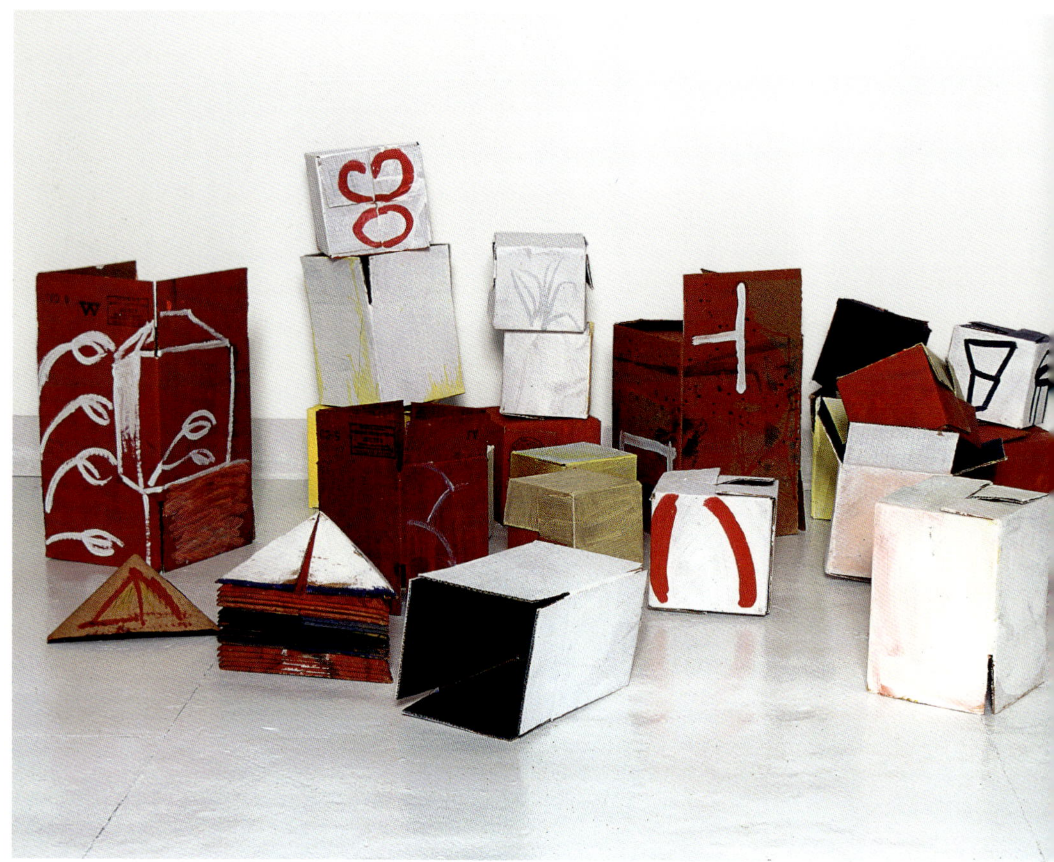

Real Cubism, 2000
pittura a olio e tecnica mista /
oil paint and mixed media
8 x 8.5 x 5.7 x 7 in. / 20,3 x 21,5 x
14,5 x 17,8 cm

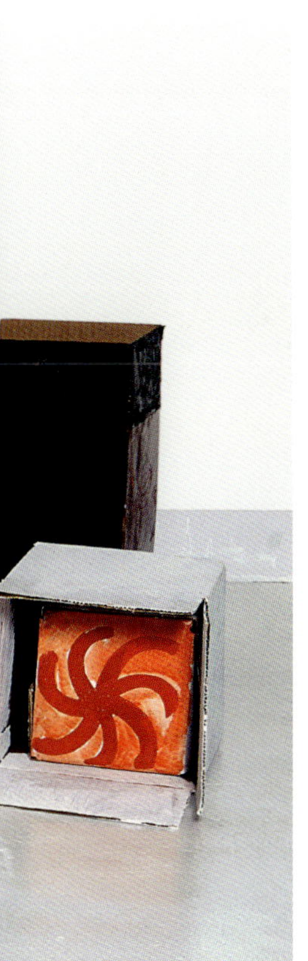

Manuela Filiaci: conversazione con Doris von Drathen

New York, 9 febbraio 2008

Doris von Drathen: Più a lungo si osservano i tuoi dipinti, più sembra che gli oggetti fluttuanti siano le note di una partitura destinata a sondare la profondità dello spazio.

Manuela Filiaci: Si tratta di presenze che non vogliono disturbare lo spazio e il silenzio. Appaiono, ma potrebbero anche sparire, e nel loro stato sospeso effondono una dimensione pittorica. Sono un punto di riferimento per l'occhio dell'osservatore: cosa vediamo quando guardiamo? Si può vedere un gran numero di cose o in pratica nulla. Gli oggetti nei miei dipinti condividono la casualità inerente al nostro modus spontaneo di vedere.

DvD: Una consapevolezza legata ad altra esperienza percettiva?

MF: Noi non vediamo solamente grazie ai fasci visivi o alla retina, questo è certo. La nostra memoria e alcuni punti specifici delle sue stratificazioni, che ci sono trasmessi senza uso di parole, svolgono una funzione estremamente importante nel guidare la nostra percezione. Quando dipingo, applico il colore e poi lo rimuovo, dando al colore più intensità, e le varie accumulazioni si compenetrano, proprio come se qualcuno raccontasse una storia: spesso viene in mente qualcosa di diverso, una parola ne richiama un'altra, un'associazione di idee si sviluppa in un'altra ancora.

Ecco cos'è per me dipingere: una presenza emerge e poi sparisce, lasciando posto a qualcos'altro, costruendo la trama di uno spazio; a un certo momento si percepisce una presenza; accade qualcosa, come se tutto portasse fino a lì; infine, un'immagine ben precisa diviene visibile.

DvD: Significa che l'oggetto non è dipinto nello spazio dopo l'evento, ma si tratta invece di qualcosa che è stato lasciato in sospeso, quasi un residuo?

MF: L'oggetto è una presenza che emerge dalla struttura dello spazio. È uno dei molti segni che hanno iniziato a manifestarsi, mentre altri sono forse scomparsi. Puoi paragonarlo a un suono: il nostro udito è soggettivo e selettivo, ognuno dà priorità a un suono diverso. Il processo pittorico di per sé riguarda una decisione intuitiva, un'azione che precede la consapevolezza, e anche l'accettazione. A volte può succedere che arrivando nello studio io voglia eliminare tutto quello che ho fatto il giorno precedente, ricominciare da zero; poi capisco che non sto iniziando proprio daccapo, ma sto lavorando con un'eco, che diviene un'energia importante nella struttura, finché una di queste presenze si afferma. Tutte le mie opere sono dialoghi, come fila di conversazioni che iniziano, sono abbandonate e poi riprese.

DvD: Fin dagli anni Ottanta hai lavorato, oltre che alle tele e ai rotoli di grandi dimensioni, alla serie delle *Boxes*. Il vocabolario dei segni (ad esempio i ventagli, gli archi, le clessidre), una volta trasposto su cartone cambia, sembra essere meno esplicito.

MF: Forse. Per me tuttavia le *Boxes* rappresentano la possibilità di indagare in modo diverso un tema simile: dato che hanno sei lati, appena vengono girate appare un altro aspetto, e nulla si può determinare del tutto. Ad esempio, se compongo le scatole in modo da formare una narrazione, mi basta girarne una per arrivare a vedere un'immagine totalmente nuova. Anche questo aspetto secondo me si può paragonare al linguaggio, a quei momenti in cui formuliamo pensieri in parole e all'improvviso il flusso della conversazione è disturbato, sviato da un lapsus, un termine, un'idea, un nome che non riusciamo a ricordare. Allora una risata o un nuovo pensiero può alterare in modo inaspettato l'intera trama di parole, e questi guizzi mentali sono importanti per mantenere l'apertura, il precario spazio intermedio della consapevolezza in cui possono concretarsi scoperte e sorprese. Le cose sono lì, ma noi cosa vediamo? Quando scopriamo qualcosa? Quando inizia a bloccarsi la nostra capacità di vedere? Cosa significano le diverse parole per persone diverse?

DvD: Forse tutto ciò implica una riflessione sul modo in cui il linguaggio altera il nostro modo di osservare.
MF: Il linguaggio influenza il nostro comportamento, le nostre decisioni, la nostra percezione della possibilità. Il termine "box" ha verve, un impatto estremamente semplice. Compro le scatole appiattite, in pacchi di venticinque. Mi attira l'elemento assolutamente banale e quotidiano, non nel senso della Pop Art, ma semplicemente come materiale adatto a un numero infinito di combinazioni.

DvD: Un materiale che è allo stesso tempo superficie e contenitore.
MF: Per me le scatole hanno molto in comune con i libri: anch'essi costituiscono una presenza, in quanto contenitori spaziali di conoscenza, gioia e conforto. Le *Boxes* sono contenitori di spazio: sovrapponendole una all'altra, disponendole in file, creo un muro di narrazione.

DvD: Lo spazio contenuto nelle *Boxes* è paragonabile alla trama spaziale dei rotoli di grandi dimensioni?
MF: Me lo sono chiesto spesso: cosa contengono davvero le *Boxes*? Penso che la risposta sia molto semplice: sia l'interno che l'esterno sono parte di me, quindi sono chiaramente collegate ai rotoli.

DvD: Certo, siamo come casse di risonanza; reagiamo al mondo esterno con il nostro mondo interiore. Quando vidi per la prima volta le pareti di *Boxes*, pensai ad altri muri, a cosa corrisponde il concetto di "muro"...
MF: Il mio è un muro di gioia! Naturalmente nella vita esiste anche l'oscurità, il che dà semplicemente una dimensione più profonda alla gioia.

DvD: Le *Boxes* non sembrano avere molto a che fare con la geometria; molte sono storte, sbilenche, altre si inclinano, si sostengono l'un l'altra in file malferme.
MF: Corrisponde al mio modo di percepire la vita. I ballerini ad esempio sono abituati a questo modo di essere, sperimentano l'inversione della propria verticalità, combattendo con uno stato di mancanza di equilibrio.

DvD: Tra queste *Boxes*, che in certo qual modo sembrano strani attori che, come nella commedia di Pirandello, sono in cerca di autore, ce n'è una, la prima in assoluto, *Veronica superstite*. Come mai questo titolo?

MF: Perché ho recuperato la scatola in strada, poi l'ho ricoperta di velature di colore, strato su strato, permettendo a un'immagine di sopravvivere.

DvD: Le *Boxes*, i *Rotoli*, i dipinti e le tue prime opere di carta arrotolata hanno in comune soprattutto un aspetto: la ripiegatura, il fenomeno della circoscrizione, del contenimento, dell'essere nascosti e al sicuro, che Deleuze mette in relazione, nell'accezione di Leibniz, con l'intera esistenza, con l'"essere-nel-mondo".

MF: Più che un concetto filosofico, alla base di questo modo di arrotolare o ripiegare sta semplicemente il gesto. L'osservazione di fatti semplici, precisi, per me riveste grande importanza: nel gesto quotidiano di ripiegare una lettera, un pezzo di tessuto, i sentimenti e le presenze che sono stati evocati spariscono, diventano un mistero. Forse sono stata influenzata dalle sciarpe e dalle bende usate da mia madre, che doveva proteggere una pelle estremamente sensibile: in alcune delle mie opere su carta esiste una connessione con la vulnerabilità della pelle.

DvD: Proprio come la pelle è formata da molti strati, è un organo che respira, più che una semplice superficie, anche la tua pittura è stratificata, è costituita da un'applicazione di colore sull'altra.

MF: Fin dall'inizio ho lavorato in questo modo, intuitivamente; non si è trattato di una decisione intellettuale. Solo più tardi compresi che alla base poteva esserci un motivo culturale, dato che sono nata a Vicenza, città ricca di architetture del Palladio. Sono cresciuta potendo ammirare molti dipinti di scuola veneziana. Quando arrivai in America, poco più che ventenne, mi iscrissi alla School of Visual Arts di New York, dove un insegnante mi fece capire che le mie stratificazioni pittoriche ricordavano da vicino gli antichi maestri veneziani. Modelli scelti inconsciamente? Per me rappresentavano l'autentica essenza della pittura, conoscevo a malapena qualcos'altro.

DvD: Grazie alla sovrapposizione degli strati si dispiega una dimensione di profondità, una stratificazione spaziale priva di orizzonte.

MF: Il processo pittorico richiede molto tempo, perché lavoro con colori a olio. Prima di poterlo vedere, bisogna che il colore si asciughi, e questo richiede molta pazienza: nulla è subito visibile, tutto richiede del tempo. Ecco l'aspetto interessante dell'avere uno studio separato dall'abitazione: dipingi; il giorno dopo, tornando, scopri con sorpresa ciò che è emerso in tua assenza. È difficile da spiegare, ma ogni traccia di colore corrisponde a un impulso energetico a sé stante, dotato di vita propria; queste tracce trovano il proprio posto oppure si dimostrano estranee e discordanti, e allora si deve cambiare qualcosa. L'opera si dipinge sempre di più. I dipinti sono vivi: ti sfidano, ti rifiutano, ti si avvicinano o ti anticipano, per cui devi rallentarli, ma devi anche lasciarli nuovamente liberi di procedere. Esiste un dialogo costante tra fare e non-fare, tra pittura e attesa, tra volontà e resa.

DvD: Una presenza autogenerata che diviene infine altro?

MF: Sono sicura che ogni pittore sperimenti questa esperienza. A volte si deve mettere da parte un dipinto, per riprenderlo dopo un certo tempo, addirittura mesi dopo. Il momento vero e proprio del dipingere spesso rende ciechi, e si riesce a vedere nuovamente solo interponendo una certa distanza.

DvD: Ciò che mi affascina maggiormente del tuo mondo pittorico è la libertà di sperimentazione, la ricerca intransigente della verità e della realtà dell'esistenza.

MF: Credo che ognuno di noi debba conoscere le proprie maschere. È vero che ci sono enormi differenze tra le prime carte ripiegate e dipinte, le *Boxes* e i *Rotoli*: ciascuna serie trova origine in un diverso paesaggio interiore. Quelle che ho chiamato *Warped Geometries* (Geometrie distorte) costituivano in realtà quasi una rinuncia ad esprimersi, l'occultamento del dolore. Le *Boxes*, invece, esprimono un'allegria giocosa. Io plasmo uno spazio nascosto che, proprio come il contrappunto musicale, tiene insieme le forme sulla superficie. Nei rotoli o nelle tele, tuttavia, esploro lo spazio che emerge dall'atto del dipingere, e pone il problema della creazione dell'orientamento e dell'equilibrio nello spazio, al di là di spazio e tempo, delle superfici-strutture quotidiane. La verticalità deve essere reinventata ogni giorno.

DvD: Le tele, i rotoli e più recentemente le *Boxes* sono vettori di immagini che ricorrono ripetutamente nella tua produzione artistica. Le *Warped Geometries*, invece, costituiscono un corpus compiuto: c'è una ragione specifica per cui non ne hai proseguito la produzione?

MF: Credo che le *Warped Geometries* fossero una sorta di bendaggio di una ferita, e a un certo punto quel periodo è giunto al termine. Si è trattato di una liberazione. A partire da allora, gioia e oscurità si sono completate a vicenda, come luce e ombra.

DvD: Eppure proprio le *Warped Geometries* hanno una grande forza, un sovraccarico d'energia. La loro superficie, la carta impregnata di colore a olio, sembra pelle, e le linee divengono vene.

MF: Riguardandole oggi, posso riconoscere questa energia. Più in generale, riconosco l'esistenza di un collegamento tra la superficie della pittura e le trame infinitesimali della pelle.

DvD: È risaputo che la pelle è uno dei nostri organi di percezione più importanti. Forse quando pensiamo che un dipinto ci osservi con insistenza, impressione particolarmente forte con le tue opere, questo avviene perché le "presenze", come le abbiamo definite, ci guardano con la loro pelle di pittura.

MF: Lo sguardo di un dipinto è composto di molti strati, forse è addirittura legato ai suoni.

DvD: In totale contrasto con le *Warped Geometries*, i rotoli si dispiegano sulla parete, e fluiscono lungo il pavimento, soggiogando tutta la stanza.

MF: Il fatto che i rotoli si dipanino sul pavimento si deve al caso. Un giorno mi capitò di osservare un lungo rotolo di carta, che avevo appeso al muro con due soli chiodi in alto, srotolarsi lentamente per terra. Ne sono subito rimasta affascinata, e da allora ho iniziato a utilizzare strisce di carta sempre più lunghe, che ricadono nella stanza con una traccia di colore sul verso, a creare l'impressione di un dipinto senza fine.

DvD: Quando ieri abbiamo aperto non so più quanti rotoli, mi sembrava che fossimo immerse nel colore. Questo mondo di colore, l'uso gioioso della linea che a volte ricorda Matisse, si può comprendere solo alla luce del tuo legame con il Mediterraneo. Ma ciò che mi colpisce in modo particolare è la trattazione virtuosistica delle opere su carta. Per aprire un rotolo, lo si divide automaticamente a metà e si guarda la parte centrale del dipinto, proprio come nel caso dei rotoli cinesi o della Torah.
MF: Riconosco una certa affinità con i rotoli di molte culture antiche, ma i miei rotoli hanno anche un aspetto estremamente comune: sono facili da trasportare, non portano via molto spazio quando vengono riposti, e poi dipingere su carta mi dà una sensazione di spensieratezza. Anni fa ho usato anche della semplice carta da pacchi per alcuni dei rotoli orizzontali.

DvD: Quando si osservano a lungo le tue opere, quando ti si ascolta, si capisce chiaramente che la tua opera è profondamente caratterizzata dall'emozione.
MF: Il termine "paesaggio interiore" è stato fin troppo usato, ma per me è ovvio che un dipinto cerca di riflettere e soprattutto di trasformare uno stato emotivo.

DvD: … e che un dipinto permette a qualcun altro di rivivere questa trasformazione?
MF: Se succede è fantastico, meraviglioso. In ogni caso per me è importante soprattutto raggiungere uno stato di concentrazione, a partire dal quale inizio a lavorare. Agnes Martin parla di una "felicità distaccata", una forma superiore di connessione con il proprio Sé. Naturalmente tutte le pratiche di meditazione cercano di ottenere lo stesso risultato, ovvero il raggiungimento di un punto-zero dalla cui prospettiva il mondo degli oggetti sembra ritirarsi per permettere ad altre energie di muoversi liberamente.

DvD: Proprio come enunciato nel titolo del dipinto *Remote Proximity* (Vicinanza remota)?
MF: Penso che tutti i miei titoli esprimano questo concetto, in un modo o nell'altro. L'importante per me è penetrare in aree in cui luce e ombra si compenetrano, dove le nostre coordinate spaziali si dissolvono, per cui "sopra" e "sotto", "destra" e "sinistra" non hanno più alcun significato.

DvD: Perché è così importante riuscire ad accedere a questa specie di dominio?
MF: Credo che la vita inizi ad assumere un senso quando viene ripetutamente osservata da un punto di vista posto a una certa distanza. Per comprendere il finito abbiamo bisogno di percepire l'infinito.

DvD: Tu crei spazi con orizzonti multipli, a volte sembra che gli oggetti siano sospesi nell'acqua, o fluttuino nello spazio cosmico.

MF: Gli oggetti in sé non sono molto importanti: ciò che mi colpisce in realtà è la loro posizione, che rivela la liberazione dalla spinta verso il basso, data dalla forza di gravità, e ci indica un reame posto oltre i confini della vita quotidiana.

DvD: I tuoi oggetti si possono identificare in contenitori, clessidre, ventagli.
MF: Spesso nelle tele e nei rotoli echeggia lo struggimento per ciò che è lontano, che a momenti si intravede ma non si può conoscere. Forse si tratta solo della consapevolezza di un'esistenza limitata da barriere, della certezza che non sarà mai possibile riuscire a conoscere ciò che si trova al di là di esse. Quanto ridicolmente ristretto è il nostro campo visivo, la cui estensione è limitata dalla linea che chiamiamo orizzonte? Gli spazi che dipingo sono solo leggermente definiti: i colori possono essere più intensi qui che là, possono emergere dei vuoti. Alcune persone davanti a questi spazi si spaventano, altre sperimentano una profonda calma.

DvD: Riconosco soprattutto uno spazio che, nonostante la presenza degli orizzonti, non ha dimensioni definite.
MF: Quando uno spazio manifesta un orientamento, le persone si sentono al sicuro; però io non ho questo tipo di sicurezza e non voglio averlo, perché mi sembra superficiale. Io vivo nell'incertezza che nasce dalla mancanza di conoscenza. Qualsiasi altro elemento mi sembra sovrimposto, come delle grucce. Non potrei andare da qualche parte e misurare qualcosa, o stabilire con una striscia di nastro adesivo un confine artificiale, un punto fermo. Non offro dichiarazioni certe, solo domande; conosco solo la fluttuazione.

DvD: Il tuo atteggiamento aperto sembra corrispondere a una condizione esistenziale reale.
MF: Penso alla precarietà del vivere. Non si tratta di una decisione estetica, è il mio modo di essere, che può divenire pericoloso: puoi diventare un outsider, perché la maggior parte della gente vuole vedere e sentire cose chiaramente definite.

DvD: Ho letto da qualche parte una frase dello psicanalista Butler, che scrive: "Il desiderio di non avere un futuro aperto può essere molto forte". Sbaglio a pensare che tu abbia proprio questo, il coraggio di lasciare aperto il futuro?
MF: Faccio quel che posso.

DvD: Hai creato un'opera intitolata *Bridges* (Ponti). Si tratta di modelli di arcate, piuttosto pesanti, fatte in cemento e rivestite di pittura. Perché li chiami *Bridges*?
MF: Il titolo per me rappresenta quel momento in cui ci si trova su una sponda e si cerca di raggiungere l'altra, quella che Pessoa definisce irraggiungibile, perché ogni volta che si arriva alla sponda opposta, ci appare dinnanzi agli occhi la riva che abbiamo lasciato. A volte mi chiedo se avrei iniziato a dipingere, nel caso fossi rimasta in Italia. Andandomene, ho sentito la nostalgia di qualcosa, e quindi ho cercato di esprimere questo struggimento.

DvD: Queste forme a ponte non disturbano il nostro senso di logica pittorica quando si trovano in posizione verticale?

Precarious Unity, 2004
olio su tela di lino / oil on linen
2 pannelli / panels
76 x 30 in. / 193 x 76,2 cm ognuno / each

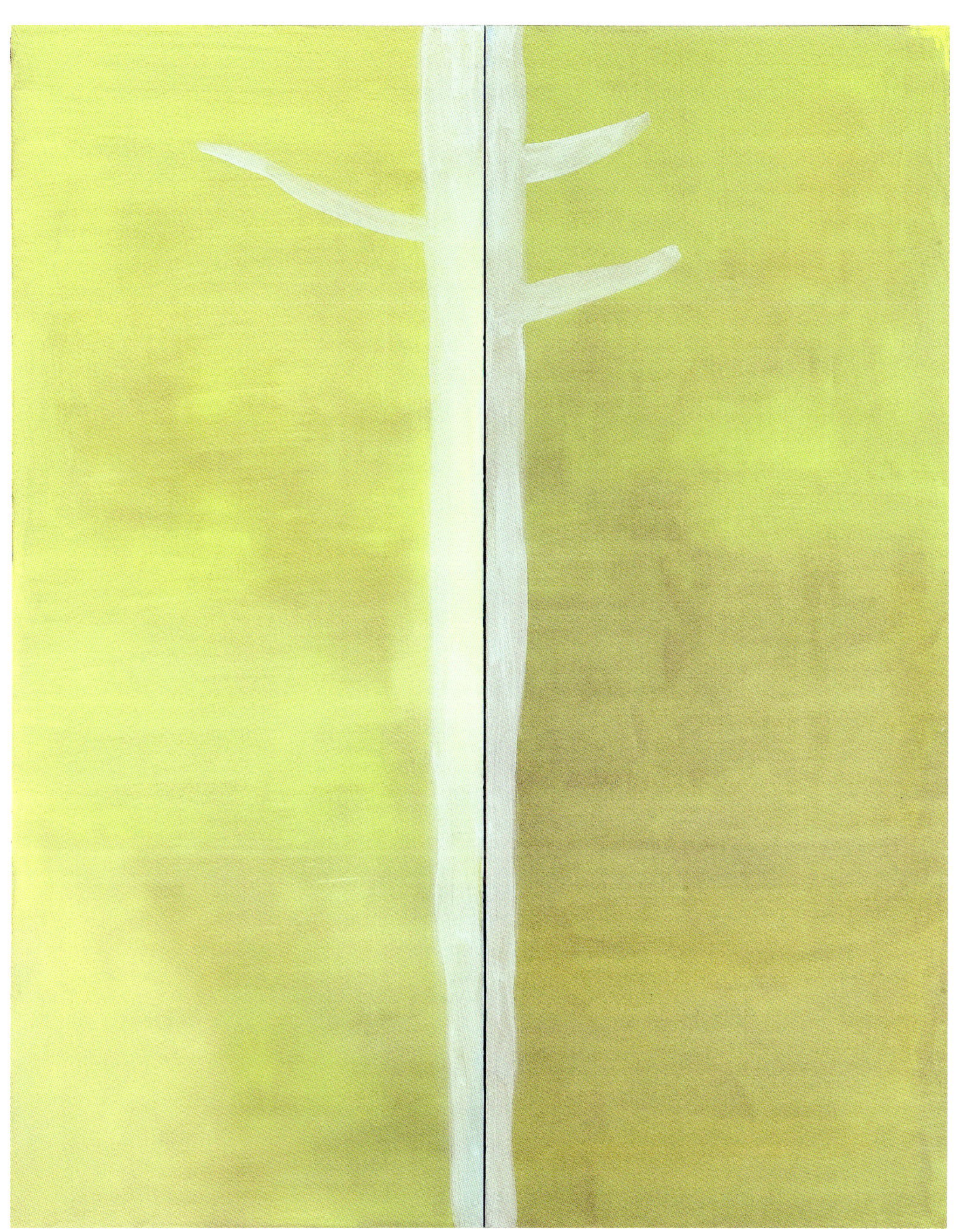

MF: È vero. Fin dal momento in cui ho collocato le opere in uno spazio pubblico, ho potuto osservare che la gente continuava a girarle in posizione orizzontale. Immagino che l'indefinitezza del verticale provochi disagio nella gente. Mi sono procurata questi elementi costruttivi anni fa, quando componevo mobili con oggetti di scarto. Li ho conservati per tutti questi anni, trascinandomeli dietro nei vari traslochi. Forse sono attratta proprio dal loro peso, e certamente dalla forma arcuata. Non molto tempo fa ho iniziato a dipingerli di blu notte, rosso cremisi, giallo. Era lo stesso periodo in cui ho iniziato a produrre le *Boxes* in bronzo colorato.

DvD: La tua passione per il colore non è stata certo l'unica motivazione per creare *Bridges*...

MF: Ho visto una mostra di Gordon Matta-Clark al Whitney Museum, mi sono tornati in mente questi componenti... Proprio in quel periodo dovevo progettare un'opera da installare in un parco, per cui ho raggruppato questi vecchi pezzi di cemento. *Bridges* per me è anche il simbolo dei frammenti di memoria che portiamo dentro di noi.

DvD: Esatto. Quello che qui emerge fa sempre parte della logica dei rompicapo pieghevoli di cartone che crei con le *Boxes*.

MF: Abbiamo parlato della stratificazione spaziale dei miei dipinti e della mia affinità con le sovrapposizioni linguistiche: le sculture create con oggetti trovati rientrano in questo contesto. Considero la scelta dei pezzi recuperati un'immagine metaforica della situazione che si verifica quando non siamo consapevoli delle nostre possibilità, che abbiamo sepolto da qualche parte.

DvD: Lo stesso tipo di tesoro nascosto che caratterizza anche le *Boxes* in bronzo, che da effimere sono rese permanenti.

MF: Le *Boxes* in bronzo si sono rivelate un'avventura sia nel processo di lavorazione che nell'esplorazione dei concetti filosofici sottesi. Si trattava della mia prima esperienza di fusione in bronzo, e ho scoperto la patinatura. Mi sembrava di aver scambiato il pennello con la fiamma, dato che in questo processo, che ha qualcosa di magico, il colore cambia come se fosse una superficie di luce scintillante, viva. In relazione all'intensità e alla durata dell'esposizione al calore, un blu diviene sempre più scuro, un giallo prende una sfumatura rossastra, ocra. Si può usare la fiamma per sfumare la superficie dipinta e alterarne gli strati più profondi: l'intero processo ha un ritmo estremamente veloce, davvero affascinante perché permette di osservare l'energia del colore che si manifesta proprio sotto il tuo sguardo.

La fusione in bronzo è una situazione estrema, una mossa falsa e il risultato è rovinato. Penso che il processo creativo abbia a che fare con il superamento della paura; ogni grande opera d'arte trae la propria vitalità proprio da questo atto di superamento.

DvD: Consideri gli spazi subacquei del tuo mondo pittorico il risultato di questo "superamento" della paura?

MF: Penso di sì. Nell'affrontare nuovi spazi c'è sempre una forte componente di paura. Credo che la paura sia importante, si deve solo capire come canalizzarla. Per me il pensiero di tuffarmi in acque sconosciute è terrificante.

DvD: Il tuo è un commento piuttosto candido, forse dimostra ancora una volta che i suoni e le immagini che esprimiamo sono inizialmente dentro di noi, e solo gradualmente trovano la via per il mondo esterno.
MF: Di sicuro non si può dipingere ciò che non si ha dentro.

DvD: Ieri abbiamo visto insieme *Cosmic*, la serie di rotoli che hanno in comune uno spazio impenetrabile, blu notte.
MF: Stavo pensando a "Vaghe stelle dell'Orsa ..." Per quanto tempo questi versi di Leopardi sono rimasti dentro di me, per poi affiorare nel sentimento dei miei dipinti? Ecco cosa intendo per percorsi sotterranei della memoria.

DvD: Nei tuoi dipinti si ha però l'impressione che questi versi non abbiano peregrinato da un intelletto isolato alla tela, ma siano stati invece esalati, mormorati, cantati, per essere infine trasfigurati in colore.
MF: Penso che l'elemento spirituale sia interamente terreno, incarnato, elementare. Leonardo da Vinci sosteneva che non si è in grado di comprendere ciò che non si è sperimentato con i sensi. Noi siamo costituiti da entrambi gli aspetti. Penso esista la fondamentale necessità umana di liberarsi ripetutamente dal peso della vita quotidiana per cercare di raggiungere un altro livello, e che questo debba avvenire in un moto come di respiro tra il mondo pragmatico degli oggetti e una posizione in certo modo più distante.

DvD: Il tuo punto di vista mi ricorda una frase di Paul Valéry, nel libro *Eupalino o l'architetto*, in cui Fedro e Socrate conversano nel regno delle ombre sulla basilare condizione umana; Valéry fa spiegare al filosofo: "I vivi hanno un corpo che permette loro di emergere dalla consapevolezza e di ritornarci. Sono formati dall'insieme di una casa e un'ape".[1]
MF: Poter vedere un altro livello oltre alla realtà quotidiana, sapere che la nostra visione limitata non potrà mai abbracciare il mondo che ci circonda, osservare noi stessi da una prospettiva sempre diversa, da altri punti di riferimento temporali e spaziali, non è una ideologia separata dalla vita quotidiana, ma un aspetto integrato della nostra vita.

DvD: Dopo questa digressione, ritorniamo ai tuoi dipinti, ad esempio la serie *Midnight Blue* o la serie *Underwater* (Sott'acqua) del 1997, *Meditation* (Meditazione) del 2003, *Precariousness* (Precarietà) del 2006, *Gravity* (Gravità) del 2007, o *Solitude* (Solitudine) del 2000. Colpisce in questi dipinti il modo in cui rendi l'orizzonte. A volte si notano tre linee dell'orizzonte, alcune sono tracciate da una costruzione delicatissima, una filigrana, altre invece mostrano chiaramente gli archi di un ponte, mentre altre ancora sembrano a malapena definite e, come la cresta dell'onda, mutano forma a ogni momento. In alcuni dipinti questo strano confine tra cielo e terra viene spostato a una spanna di distanza dal bordo superiore. Cosa significa per te l'orizzonte, come lo usi, che tipo di spazio descrivi in questo modo?
MF: Mi incuriosisce la divisione dello spazio. La linea indica un altro mondo al di

là del confine. Stabilisco un orizzonte per essere in grado di lavorare in uno spazio sconfinato, al di là di questa linea, in cui vedo non solo un confine ma anche una barriera, un ostacolo, un "solo fin qui e non oltre", che però mi offre anche una certa sicurezza, come se potessi afferrare e trattenere questo confine per oltrepassarne il limite, per avvicinarmi a un spazio che non conosco. Nel momento in cui mi trovo davanti alla tela vuota, stabilire un confine per me rappresenta il primo passo, che a volte si sviluppa in due o tre linee orizzontali.

DvD: Le linee mi sembrano quasi la corda tesa del funambolo.
MF: Senza rete.

DvD: Chi ti ascolta potrebbe meravigliarsi di quanto sia terrificante per un pittore affrontare l'"altra parte" del dipinto.
MF: Sì, può essere difficile. I miei dipinti sono mappe, mappe di luoghi semplici e solitari. Forse è meno strano preparare mappe con molte piccole aree piuttosto che ampie distese, oceani in cui una persona teme di perdere l'orientamento. In una mappa ricca di notazioni, è sempre possibile aggrapparsi a qualcosa. Perciò da una parte tento di mantenere lo spazio il più aperto possibile, e dall'altra di misurarlo senza imporvi un limite; questo spiega gli archi, o anche le sottili griglie aperte che si stendono sullo spazio dipinto.

DvD: Forse questo rispecchia anche il tuo modo di vivere. La nostra visione è frammentaria, eppure ci inventiamo innumerevoli limiti e restrizioni, come se ci rendessero la vita più facile.
MF: Siamo fatti così. Abbiamo già parlato del nostro sistema di vita ingabbiato, della consapevolezza del fatto che siamo sempre circondati da confini che ci proteggono e imprigionano allo stesso tempo.

DvD: Le linee dell'orizzonte che si ripetono a volte mi fanno pensare a Husserl, quando afferma che ogni oggetto ha un orizzonte interiore, esteriore e cosmico; oppure mi ricordano prospettive diverse, come in un dipinto rinascimentale.
MF: Ti riferisci alla rappresentazione dei vari aspetti di un'unica storia? Le mie opere mostrano strati separati gli uni dagli altri ma anche l'intreccio di accumulazioni. Lavoro con una forma di simultaneità simile, ma con una differenza essenziale: la mia narrazione non è cronologica o lineare, ma piuttosto sovrapposta, uno spazio occupato da impressioni movimentate indipendenti dal tempo, e dal loro scambio reciproco. Ogni nostra esperienza si accompagna alla vibrazione di un desiderio, un pensiero, una speranza, una delusione. I nostri sensi ricevono le impressioni simultaneamente. Lo stesso accade con la pittura.

DvD: Significa che l'approccio verso l'esistenza che per te funziona è quello che cerca di trovare le apparizioni, segnali di altri orizzonti, nel mondo intorno a noi?
MF: Trovo ci sia una corrispondenza al mio modo di vedere le cose nell'idea di "spiritus phantasticus" di Giordano Bruno, riportata da Italo Calvino in *Lezioni americane*: "Spiritus phantasticus … mundus quidem et sinus inexplebilis formarum et specierum".[2] Ho sempre creduto che fosse possibile attingere le immagini dal golfo della immaginazione, mai saturabile. Italo Calvino descrive la

capacità di associazione, che permette di connettere e selezionare una infinita successione di forme, di passare alternativamente dal possibile all'impossibile. Questa apertura è profondamente importante per me; la prima apparizione è solo il punto di partenza di un viaggio in un altro mondo, un mondo di immagini che a volte sembra essere assente, nascosto.

DvD: Il tuo approccio alla ricerca delle immagini può ricordare la concezione di Lucrezio di uno spazio aereo inondato di immagini, di delicate reti di forme, un regno di atomi pulsanti a cui non si può sfuggire, ma con la differenza che tu attribuisci uno status diverso alla fantasia e al suo apparato sensorio.
MF: Per me è importante usare l'intuizione, l'inconscio, come mezzo di conoscenza, e riconoscere in una apparenza non il *simulacrum*, ma il proprio segno. Esiste un'anima del mondo, un mondo animato di oggetti, dotato di vita propria.

DvD: Penso che i tuoi dipinti possano aiutare a vivere una strana esperienza: nel momento in cui si smette di imporre la propria forza di volontà alle cose, queste ultime diventano libere di sviluppare la propria energia. Il tuo mondo di oggetti forse sviluppa la propria forza proprio quando lo si lascia libero per concentrarsi sull'"altra parte" del tuo dipinto. Ma nelle tue parole è evidente una costante ricerca: di cosa?
MF: Penso che aspirazioni e desideri siano i molteplici impulsi che nutrono la nostra creatività. Credo anche che la mancanza di qualcosa che possiamo appena percepire sia essenziale per la nostra energia vitale. Un'assenza può divenire un elemento dinamico. Il desiderio è un'energia vitale assolutamente fondamentale.

DvD: Forse l'energia della ricerca, del desiderio, è collegata al dinamismo che un confine può produrre. Nello stabilire un punto oltre il quale non si può andare si manifesta un potere a cui la tradizione biblica riconosce energia creativa. Penso però che un certo dinamismo possa scaturire anche dal rispettare un confine.
MF: Credo che si tratti di agire entrambi gli aspetti allo stesso momento: la ribellione contro il confine, che certo è fonte di energia, e il suo rispetto. Penso che la ribellione contro la personale costruzione dei propri confini sia una lotta costante da cui scaturiscono energie vitali sempre nuove. D'altra parte, il riconoscimento e la conservazione dei confini, la consapevolezza della misura delle cose, sono certamente un prerequisito essenziale del processo creativo. In *Le Chef-d'ouvre inconnu* Balzac ci lascia un elogio di questa capacità, proprio narrando l'incapacità di riconoscere un limite, descrivendo il disastro che ne deriva. Penso poi anche che i confini siano come ponti di fortuna gettati sul caos, senza i quali ci potrebbe essere soltanto smarrimento.

DvD: Questa area tematica mi sembra includere anche i dipinti le cui tele (e rispettivi telai) sono divise in due parti; si possono considerare dittici, ma in realtà si tratta di un unico dipinto attraversato da una divisione verticale o orizzontale: un albero può essere tagliato a metà, un tavolo dalle gambe estremamente lunghe può continuare in una seconda tela, come se non ci fosse stato spazio a sufficienza.

MF: Infatti questi dipinti si muovono tra una certa allegra ironia, il prolungamento rappezzato, e il dramma dell'oggetto che fino a un momento fa era intero e ora è spezzato in due. Oltre all'aspetto giocoso inerente al prolungamento della tela, secondo me è presente anche una forma di potere, poiché l'oggetto ha un aspetto traboccante, impossibile da tenere a freno, e che non ammette di essere ridotto a dimensioni minori. Il fenomeno che continuo a investigare riguarda la precarietà di una situazione o di un oggetto che sembra irradiare sicurezza ma in realtà è così fragile da potersi spezzare in qualsiasi momento.

DvD: Proprio come nel dipinto *Precarious Unity* (Unità precaria), del 2004, il cui tema, ovvero la divisione di un'unità, viene enunciato chiaramente.
MF: Il tema degli alberi è legato a un momento particolare della mia vita.

DvD: Strano che proprio quest'albero diviso tu mi dica sia l'ultimo, perché a me sembra che con questa divisione tu non ferisca solo la pelle del dipinto, come Fontana, ma rendendo visibile il telaio nel mezzo, il margine del mondo dipinto, allargando la distanza tra il presente dell'opera e il muro, tu riesca a lacerare anche l'illusione.
MF: Se io dipingo un quadro mantenendo una certa distanza, permettendogli di esibirsi come su un palcoscenico, posso ancora percepire la presenza dell'immagine. Tutti questi alberi non hanno radici né chioma, attraversano la tela in primo piano in una vivida luminosità gialla, come fossero raggi di luce. Altri rimangono blu: mi sembrano sul punto di sparire, di dissolversi, come anime che si manifestano in forma indefinita e poi tornano a scomparire.

DvD: Questo tipo di considerazioni mi viene in mente davanti al dipinto *Transition* (Transizione) del 2006; mi sembra di osservare contemporaneamente, in un'unica immagine, tre forme dai tratti essenziali: un albero, la presenza, una scatola di legno, e una specie di fantasma sul bordo…
MF: Non ho pensato esattamente a tutto ciò, ma a livello più astratto stavo effettivamente cercando di trasporre in forma pittorica quello che c'è, quello che ci può essere e quello che svanisce. Per me *Transition* rispecchia un momento di difficoltà dell'anima; *Precarious Unity*, invece, è un caso diverso: a volte il dolore può trasformarsi in ribellione incontrollata, come se si penetrasse nella realtà più profonda del dolore, senza abbellimenti, senza pacificazione, senza sublimazione. In me convivono molti aspetti: posso dipingere oggi un'immagine tragica e domani una comica, e in entrambi i casi sono in sintonia con il mio sentire.

DvD: Il contrasto diventa stridente quando si confrontano le tue prime opere con quelle attuali: le grandi tele dei primi anni Ottanta, come *Schiaparelli*, un omaggio al poeta, o i due dipinti su legno, uno intitolato *That Metaphysical Nature of Drawing* (La natura metafisica del disegno), sono creati in uno stile completamente diverso; la pennellata è vigorosa, e le forme rigorosamente definite, che incidono nettamente lo spazio pittorico e ricordano l'espressionismo astratto di Clyfford Still, creano un insieme drammaticamente denso di eventi pittorici, che sembra avere poco a che fare con i dipinti e i rotoli attuali, che vivono molto più della loro capacità evocativa.

MF: Non ho mai cercato di creare un tipo di dipinto replicabile, che potesse divenire mia caratteristica distintiva, ma ho sempre cercato la verità nell'esperienza di un mondo interiore nella presenza pittorica. Sono partita dagli eventi emotivi, da un'esperienza così forte da dover essere espressa. Per me dipingere significa liberare le emozioni nascoste all'interno delle cose e degli oggetti che ci circondano. Forse all'epoca potevo gestire meglio il dramma perché la vita era più semplice. O forse avevo altri punti di riferimento per la tragedia, perché ne avevo così poca esperienza. So solo che allora ero piuttosto giovane, ed ero affascinata dalla pittura emotivamente carica. Credo in uno sviluppo circolare, ci sono momenti in cui cerchi di ottenere un effetto di sovrabbondanza, e poi altri in cui vuoi liberarti nuovamente e cercare uno spazio pittorico quasi vuoto, quasi una *tabula rasa*. Per me questa oscillazione continua tuttora, anche se forse con un tono diverso. I rotoli creati nel 2007 e nel 2008, che chiamo scherzosamente *Flat Boxes* (Scatole piatte), nascono dal piacere della sovrabbondanza, ma secondo me non hanno assolutamente alcun aspetto drammatico, caso mai un elemento malizioso. A volte questo processo si verifica in un unico dipinto: inizio con il vuoto, lo riempio sempre più, costruisco una complessa pienezza e poi d'un tratto devo togliere tutto, cancellare, ridipingerlo e ricominciare dal vuoto. È una costante ricerca e messa in discussione dell'essenza visiva; col tempo, diviene sempre più necessario conquistare la riduzione all'essenziale.

DvD: È possibile esprimere a parole cosa sia l'essenziale?
MF: Disfarsi di ciò che sappiamo non essere vero, di ogni inutile manierismo.
Si tratta dell'istante in cui gli oggetti attorno a noi diventano fluidi, quando i contenitori del tempo perdono consistenza e diventano segni universali di passaggio. Mi viene in mente la poesia di Montale, "Portami il girasole":
"… tendono alla chiarità le cose oscure
si esauriscono i corpi in un fluire
di tinte: queste in musiche. Svanire
è dunque la ventura delle venture. …"[3]

1. Paul Valéry, *Eupalino o l'architetto* (Parigi, 1921). Pordenone, Ed. Biblioteca dell'Immagine, 1991.
2. "Spirito fantastico … un mondo o un golfo, mai saturabile, di forme e immagini". Italo Calvino,
Lezioni americane: Sei proposte per il prossimo millennio. Milano, Garzanti Editore, 1988, p. 91.
3. Eugenio Montale, *Ossi di seppia, 1920-1927*. Milano, Arnoldo Mondadori Editore, 1970, p. 61.

(Thinking of Montale)
meriggiare pallido e assorto..., 1977
olio su tela / oil on canvas
70 x 52 in. / 177,8 x 132 cm

Manuela Filiaci: Conversation with Doris von Drathen

New York, February 9, 2008

Doris von Drathen: The longer one contemplates your paintings, the more it seems as if the floating objects were marks of musical notation set to fathom the space.

Manuela Filiaci: They are presences, which do not want to disturb the space and the silence. They emerge into view but they also might disappear, and in their suspended state they emanate a painterly dimension. They are a reference to the observing eye—what do we see when we look? You can see a vast number of things, or scarcely anything at all. The objects in my pictures have something of this randomness in our spontaneous observation.

DVD: An awareness which is connected to other perceptual experience?

MF: We do not see with beams of vision or the retina alone, that's certain. Our memory and particular points of its layers, which have been transmitted to us without words, play an extremely important guiding function in our perception. When I paint, I apply and then remove the paint. This produces intensity in color, and just as if one were to tell a story, the many accumulations become interpenetrated. Again and again something else comes to mind, one word summons another, an association opens into a further one.

That's what painting is for me: Something emerges, then disappears and leaves the space for something else. This makes the texture of a space, and at some point in time, something is perceived. Something occurs just as if everything was leading up to it, and then something quite definite becomes visible.

DvD: Does that mean that this object is not painted into the space after the event but instead is something that has been left over like a residue?

MF: The object is a presence, which grows out of the spatial texture. It is one of many signs, which have entered into being, while others have perhaps disappeared. You could compare this to a sound. Our sense of hearing is subjective and selective, each person gives precedence to a different sound. The process of painting itself is concerned with an intuitive decision, an action preceding knowledge, and also with the acceptance. It can sometimes happen that when I enter the studio the next day, I want to take everything away, to start right from the beginning, and then I realize that I am not starting from the very beginning but am working with an echo. This echo then becomes an important dynamic in the texture, until one of these presences asserts itself. All my works are like dialogues, like threads of conversations that begin, are discarded and then renewed.

DvD: Ever since the 1980s you have been working, alongside your large scrolls and canvasses, on the work complex of the *Boxes*. When the painting is done on cardboard, the vocabulary of signs—for example the fans, arcades, hourglasses—change. It seems to be less un/ambiguous.

MF: Perhaps. For me, however, the boxes represent the possibility of pursuing a similar theme but in a very different way: because they have six sides, when they are rotated another aspect appears, and nothing can be totally determined. For example, if I combine the boxes into a narration, then I only need to rotate one, and already I come to view an utterly new picture. For me that may again be compared to language, when we formulate thoughts in words and suddenly the flow of conversation is disturbed and distracted by a slip of the tongue, a term, an idea, a name that we can't remember. Then laughter or a new thought can unexpectedly alter the entire texture of words, and these mental leaps are important in order to maintain that openness, that precarious intermediate space of consciousness where discoveries and surprises can take place. The things are there—but what do we see? When do we discover something? When does our vision become closed? What do various words mean to various people?

DvD: This perhaps includes the question as to how language alters our mode of observation.
MF: Language affects our behavior, our decisions, our sense of possibility. The word "box" has punch, an extremely simple impact. I buy these boxes packed flat in a stack of twenty-five. This is what attracted me—this undramatic, utterly banal and everyday element. Not in the sense of pop art, but simply as material for an almost limitless combination.

DvD: A material that is both surface and container.
MF: For me they are related to books, which as spatial containers of knowledge, joy, and comfort also create a presence. The *Boxes* are containers of space: stacking them on top of each other, arranging them in rows, create a narrational wall.

DvD: Is this space which is contained in the *Boxes* comparable to the spatial texture in your large scrolls?
MF: I have often asked myself that—what do the *Boxes* actually contain? I think the answer is quite simple: outside and inside, they are part of me. And so they are clearly related to the scrolls.

DvD: Of course, we are resonance chambers; we react with an inner world to the outer world. When I saw the walls of the *Boxes* for the first time, I though of other walls, what the idea of a "wall" is . . .
MF: Mine is a wall of joy! But of course in life darkness also exists, and the darkness simply gives it a deeper dimension.

DvD: These *Boxes* don't seem to have much to do with geometry; many are bent and lopsided, others tilt, they hold each other in wobbly rows.
MF: This corresponds to my way of perceiving life. Dancers, for instance, are familiar with this, they experience the inversion of their own verticality, grappling with a state of unbalance.

DvD: Among these *Boxes*, which to some extent resemble peculiar actors who, just like in the play by Pirandello, are in search of their author, there is one which was in fact the very first: *Veronica superstite*. Why this title?

MF: Because I retrieved this box from the street, then covered it layer by layer with veils of paint, allowing an image to survive.

DvD: The *Boxes*, the scrolls, the paintings, and your early works of wrapped-up paper have above all one thing in common: the folding, the phenomenon of enclosure, containment, of being hidden and secure, which Deleuze relates, in Leibniz's sense, to all of existence, to the "being-in-the-world."

MF: More than a philosophical concept, what stands behind this manner of rolling or folding up is just a gesture. The observation of minute, simple things is however of great significance for me: the everyday gesture when you fold up a letter, or a piece of cloth. The summoned-up feelings and presences disappear, become a mystery. It may be that I was influenced by the scarves and bandages of my mother, who had to protect an extremely sensitive skin. In some of my paper pieces there is a connection with the vulnerability of the skin.

DvD: Just as the skin is built up in several layers, is more a breathing organ than a mere surface, similarly your painting is stratified out of one application of paint upon another.

MF: From the very beginning I worked intuitively in this way—it wasn't an intellectual decision. Only later did it become clear to me that there may be a cultural motivation at work, for I grew up in Vicenza, an old Renaissance city, with a lot of Palladian architecture. In my childhood and youth I saw many Venetian paintings. When in my early twenties I came to America and studied at the School of Visual Arts in New York, an instructor made me aware of the fact that my layering of paint closely recalled old Venetian painters. Models I had unconsciously chosen? For me they were the very essence of painting, I scarcely knew anything else.

DvD: But through the layering a dimension of depth opens up, a spatial stratification without a horizon.

MF: Since I work in oil, the painting process takes a long time. A color has to dry first before you can see it. This requires a lot of patience. Nothing is immediately visible, everything takes time. That is what is so interesting about having a studio separate from where you live: you paint; the next day you return and discover to your surprise what has emerged in your absence. This can hardly be explained. But each mark of paint is an energetic impulse of its own which has its own life; these marks find their place or prove to be foreign and discordant, so that you have to change something. The picture paints itself further. Pictures are alive: they challenge you, reject you, approach you, or run ahead of you, so that you have to slow them down but must also release them once more. There is a constant dialogue between doing and non-doing, between painting and waiting, between willpower and resignation.

DvD: A self-created presence which then becomes an Other?

MF: I'm sure that is experienced by every painter. Sometimes you have to put a picture away and then take it out after a while, even months later. The actual moment of painting often makes you blind, and only with distance can you see again.

DvD: What fascinates me so much about your pictorial world is this freedom of experimentation, an uncompromising search for truth and the reality of existence.

MF: I believe that we need to know our own masks. It's true that there are worlds between the first folded and painted papers, the *Boxes*, and the scrolls. Each one arises from a different interior landscape. The *Warped Geometries*, as I called them, were actually almost something like a renunciation of self-expression, a concealment of pain. The *Boxes*, on the other hand, possess a playful joyfulness. I work with a hidden space which, just like musical counterpoint, holds the forms together on the surface. In the scrolls or on canvas, however, I explore a space which emerges from the act of painting and addresses the question of how we can create orientation and equilibrium in this space, beyond the everyday surface-structures of space and time. Verticality has to be reinvented each day.

DvD: Canvasses, scrolls, and recently the *Boxes* are image-carriers that occur in your oeuvre again and again. The *Warped Geometries*, on the other hand, are a completed complex of works—is there a specific reason why you didn't continue them further?

MF: I believe that the *Warped Geometries* were a sort of binding up of a wound, and at some point this period had come to an end. That was like a liberation. From that point on, joy and darkness completed each other as light and shadow.

DvD: And yet the *Warped Geometries* in particular have power, a charged energy. Their surface, the paper soaked in oil, looks like skin, and the lines like veins.

MF: From today's perspective I can see this energy. But in general for me the surface of the paint is ultimately connected with the infinitesimal patterns on our skin.

DvD: It is well known that skin is one of our most important organs of perception. Perhaps when we think that a picture is gazing at us—and this impression is particularly strong with your works—then this is because these "presences," as we have called them, are looking at us with their skin of paint.

MF: The gaze of a picture is multi-layered, perhaps even connected to sounds.

DvD: In diametrical contrast to the *Warped Geometries*, your scrolls spread out upon the wall, flow further across the floor, bring the entire room into subjection.

MF: The fact that my scrolls flow across the floor is based on chance: one day, pinning a vertical scroll of paper to the wall with only two nails on top, I watched it rolling gently onto the floor. That fascinated me, and from then on I worked with significantly longer strips of paper which flow into the room, with a hint of painting on the back, creating the illusion of an endless picture.

DvD: When we opened yesterday I don't know how many scrolls there were, it was as if we were bathed in color. This world of color, a joy in the line, which sometimes recalls Matisse, can only be understood in light of your Mediterranean ori-

Tables Underwater, 1986
olio su tela di lino / oil on linen
2 pannelli / panels
76 x 30 in. / 193 x 76,2 cm ognuno / each

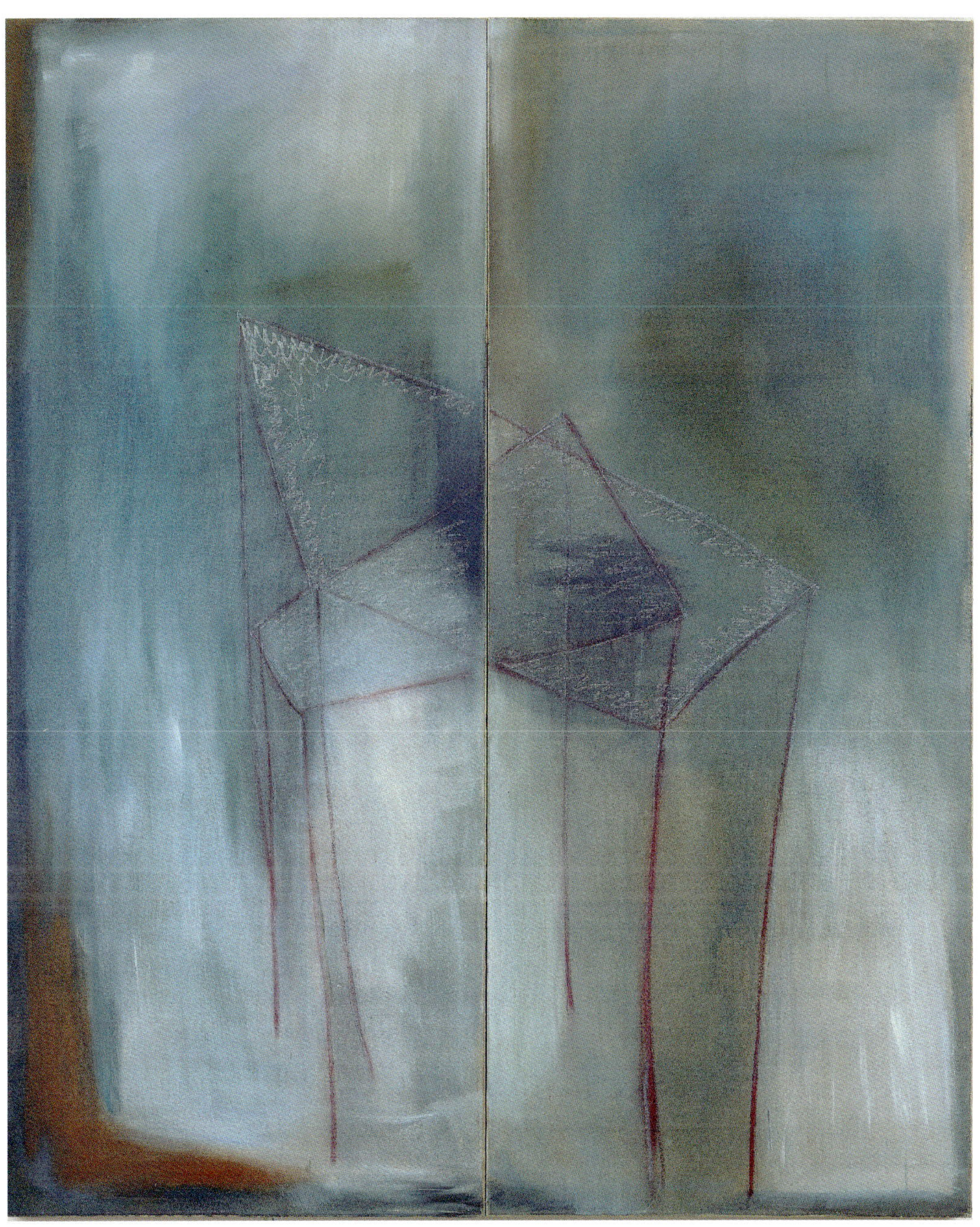

gins. But what interests me in particular is your virtuoso handling of the paper. Upon opening the scrolls you automatically divide the scroll in half and look at that middle section of the picture just like Chinese scrolls, or the Torah.

MF: I feel there is an affinity with the scrolls of many ancient cultures, but my scrolls also have a quite common aspect: they are easy to transport, don't take up much space, and it is a carefree feeling to paint on paper. In the past, I even used packaging paper for some of the horizontal scrolls.

DvD: When one gazes longer at your works, when one listens to you, it becomes clear how deeply your work is marked by emotion.

MF: All too often the term "inscapes" has been used, but for me it is obvious that a picture seeks to reflect and above all to transform an emotional state.

DvD: . . . and that a picture allows someone else to re-live this transformation?

MF: If that happens, it's fantastic, wonderful. In any case it is important for me above all to achieve a state of concentration, and to work from there. Agnes Martin spoke of a "detached happiness," an aspect of the highest connection with one's own self. Of course all meditative attitudes strive for the same thing, namely the creation of a sort of zero-point from whose perspective the world of objects is seen to withdraw and to allow other energies to become free.

DvD: Just as is expressed by your painting title *Remote Proximity*?

MF: I think that all my titles express that in one way or another. What is important to me is to penetrate into areas where light and shadow become intertwined, where our spatial coordinates dissolve, so that "above" and "below," "right" and "left" scarcely have any more meaning.

DvD: Why is it so important to attain access to this sort of domain?

MF: I believe that our life first takes on meaning when viewed again and again from a perspective of some distance. We need an intimation of infinity in order to comprehend finiteness.

DvD: You create spaces with several horizons, sometimes the objects seem to be suspended in water or floating in cosmic space.

MF: The objects themselves are less important: what affects me is in fact their position, which indicates a release from the downward thrust of gravity and points to a realm beyond the borders of everyday life.

DvD: One can recognize your objects as containers, hourglasses, or fans.

MF: Often echoed in my canvasses and scrolls is a longing for the far away that can sometimes be perceived but can't be known. Perhaps it is only an awareness of an existence limited by borders, the knowledge that it is never possible to attain cognition of that which lies beyond the border. How ridiculously short is our field of vision, when its extent is marked by the line that we call the horizon? The spaces which I paint are only slightly determined—the colors can be more intense here than there, gaps can arise. Some people react with fear to these spaces, others experience a deep calmness.

DvD: I see above all a space which, in spite of the horizons, is not defined in its dimensions.

MF: When a space manifests an orientation, people feel secure. But I don't have this sort of security and don't want to have it, for it appears to me to be superficial. I live this uncertainty, resulting from a lack of knowledge. Everything else seems to me to be superimposed, like crutches. I couldn't go somewhere and measure out something, or with an adhesive strip establish an artificial border, an affirmative fixation. I don't have any affirmations, I only have questions, I only know fluctuation.

DvD: Your open attitude seems to correspond to actual existential conditions.

MF: I think of the precariousness of life. This is not an aesthetic decision, that is the way I am. But it is also dangerous: you can become an outsider; most people want to see and hear things that are clearly defined.

DvD: Somewhere I read a sentence of the psychoanalyst Butler, who writes: "The desire not to have an open future can be a strong one." Am I wrong to think that you have precisely this courage of leaving the future open?

MF: I just do what I can.

DvD: You created a work called *Bridges*. They are model-like arches, but quite heavy, made out of cement and covered with paint. Why do you call them *Bridges*?

MF: For me, the title means to be on one side and strive for the other; that other side which Pessoa says is unattainable, because each time one reaches the other riverbank, the first riverbank opens up in front of our eyes. Sometimes I ask myself whether, if I had never left Italy, I would be painting. By going away, I realized I longed for something and sought to express this longing.

DvD: Do these bridge-like forms disturb our feeling for pictorial logic when they stand upright?

MF: That's true. Since I set up these works in a public place, I could observe how people repeatedly turned them into a horizontal position. I imagine that the indefiniteness of the vertical summons up uneasiness in people. I got these building elements years ago, as I was putting together furniture pieces out of found objects. I have kept them for all these years, dragging them along on all my moves. Maybe it was their very weight which attracted me so much, and certainly their arching shape. Not too long ago I began to color them in midnight blue, crimson red, yellow. That was the same time that I began to cast the *Boxes* in colored bronze.

DvD: Your enthusiasm for color was surely not the sole motivation for creating the *Bridges*?

MF: I saw an exhibition by Gordon Matta-Clark in the Whitney Museum. I thought of these building elements . . . Just then I had to prepare for a work in a park, so I gathered together the old cement pieces. The work *Bridges* is for me also a symbol of the segments of our memory which we carry within us.

DvD: Precisely. Because what has arisen here belongs exactly to the logic of the foldable cardboard picture puzzles which you created in the *Boxes*.

MF: We have spoken about the spatial stratification of my paintings and my affinity to linguistic layerings. This found object sculpture belongs in this context. I see the selection of pieces as an image for the situations that occur when we are not aware of our possibilities and have buried them somewhere.

DvD: That type of hidden treasure also characterizes your bronze *Boxes*, which were turned from the ephemeral into the permanent.

MF: These bronze *Boxes* were as much an adventure in the working process as they were exploring philosophical concepts. This was the first time that, for my own work, I became involved with a bronze caster and learned about patination. It seemed that I had exchanged the brush for a flame, since in this process, which has something magical about it, the color changes as if it were a shimmering, living surface of light. In response to the intensity and duration of the heat, a blue always turns darker, a yellow takes on a reddish, ochre tone. You can use the flame to grade the painted surface and to alter the deeper layers. The entire process has an extremely fast rhythm. It is really fascinating, because you see the energy of the color arising right in front of you.

The bronze cast is an extreme situation—one false move and the result is ruined. I think the creative process has to do with overcoming fear; every great work of art derives its dynamism from this act of overcoming.

DvD: Do you see the underwater spaces in your pictorial world as the result of this "overcoming" of fear?

MF: I think so. There is always a strong component of fear in facing new spaces. I think that fear is important, you only have to know how to channel it. To me, the thought of diving into unknown waters is terrifying.

DvD: Your candid commentary perhaps proves once more that the sounds and images which we express are first within us, and only gradually find a path into the external world.

MF: Surely you can't paint what you don't have in yourself.

DvD: Yesterday we looked together at *Cosmic*, that series of scrolls which are all based upon a midnight-blue, impenetrable space.

MF: I was thinking of "Vaghe stelle dell'orsa . . ." How long it is that the verses from Leopardi have been with me, and they surface in the feeling of my paintings? That's what I mean about the subterranean pathways of our memory.

DvD: But in your painting one has the impression that these verses have not wandered onto the canvas from a withdrawn intellect, but instead have been exhaled, spoken softly, sung, and have been transfigured into color.

MF: I think that the spiritual element is something which is entirely earthbound, incarnate, elementary. Leonardo da Vinci said that you cannot penetrate that which you have not experienced with the senses. We are both aspects at once. I think that there is a basic human need to free oneself repeatedly from the burden of everyday life and to seek another level. It must be a movement of breath between the pragmatic world of objects and a somewhat more removed position.

DvD: Your point of view reminds me of a formulation by Paul Valéry in his book *Eupalinos or the Architect*, where Phaidros and Socrates converse in the realm of shadow about the fundamental human condition, and Valéry has the philosopher explain: "The living have a body which allows them to emerge from knowledge and to return there. They consist of a house and a bee."[1]

MF: To see another level in addition to everyday reality, to know that our limited vision can never comprehend the world that surrounds us, to observe ourselves now and again from another perspective, from other temporal and spatial references, is nothing more than an integrated aspect of our life and not an ideology that is separated from daily life.

DvD: After this digression, let's come back to some of your pictures—for instance the series *Midnight Blue* or the *Underwater Series* (1997), *Meditation* (2003), *Precariousness* (2006), *Gravity* (2007), or *Solitude* (2000)—what is striking about these pictures is the manner in which you treat the horizon. Sometimes there are three horizon lines, some are marked with a filigree, delicate-as-breath construction, others actually show bridge arcades, while some others seem to be barely fixed and, like the line of a wave, alter their form at each instant. In some paintings this peculiar border between the heavens and the earth is shifted to the width of a hand beneath the upper edge of the painting. What does the horizon mean for you, how do you utilize it, what space do you describe in that way?

MF: I am concerned with division. This line indicates another world beyond the border. When I establish a horizon it is in order to be able to work in a boundless space, beyond this line in which I see not only a border but also a barrier. This obstacle, this "only up to here and no further," this gives me something like security, though. It is almost as if I could grab hold of this border to go beyond its limitation, and, by means of the border, to approach an unknown space. To establish a limit is the first step for me when I stand in front of the empty canvas, and sometimes it becomes two or three horizontal lines.

DvD: The lines seem to me almost to be the tightrope of an acrobat.

MF: Without a net.

DvD: Whoever listens to you could be astounded at how terrifying it is for a painter to confront the painted "other side."

MF: Yes, it can be terrifying. My pictures are maps, maps of simple and solitary places. Perhaps it is less strange to prepare maps with many small areas rather than vast expanses like oceans in which a person fears a lack of orientation. In a map filled with entries, it is always possible to hold on to something. Therefore I attempt on the one hand to keep the space as open as possible, and, on the other, to measure it without imposing a limit upon it; this includes the arcades, or also the fine, open grids that spread across my picture-spaces.

DvD: Maybe that is also a mirror for our manner of living. Our view is fragmentary, and yet we invent innumerable limits and restrictions, as if they would make our life easier.

MF: That's the way we're made. What we said earlier about the encaged system of our life, the realization that we are always surrounded by borders that are both protection and imprisonment.

DvD: The repeated horizon lines sometimes make me think of Husserl when he says that every object has an inner, outer, and cosmic horizon; or they remind me of different perspectives as in Renaissance painting.

MF: Are you referring to the portrayal of various facets of one story? My work shows mutually separate layers and also shows the interwoven accumulations. I work with a comparable form of simultaneity, but with an essential difference: my narration is not chronological or linear but rather overlapping, a space of eventful impressions independent from time, and reciprocal exchange. When we experience something, there is the accompanying vibration of a wish, an experience, a thought, an expectation, a disappointment. Our senses are simultaneously receiving impressions. That's the way it is with painting itself.

DvD: Would that mean that for you an attitude towards life is valid which searches in the world around us for appearances as signs of other horizons?

MF: I find a correnspondence to my way of seeing things in Giordano Bruno's "fantastic spirit," echoed by Italo Calvino in his *Lezioni americane*: "spiritus phantasticus . . . mundus quidem et sinus inexplebilis formarum et specierum ("a world, a boundless gulf filled of forms and images").[2] I have always assumed that it is possible to dip images from our boundless gulf and our world. Italo Calvino describes our capacity for association, through which we can link and select an infinite succession of forms, can alternate between the possible and impossible. This openness is deeply important to me; the first appearance is only the point of departure for a journey into another world, a world of images which at times seem to be absent, to be concealed.

DvD: Your approach of finding images could remind of Lucretius' concept with his airy space awash with images and delicate webs of forms, a realm of inescapable pulsing atoms but with the difference that you attribute a different status to fantasy and its sensory apparatus.

MF: For me, it is important to follow intuition, the unconscious, as a vehicle for cognition, and to recognize in an appearance not its simulacrum, but its sign. There is a world soul, an animated world of objects with its own ongoing life.

DvD: I think your paintings can help in a strange experience: in the moment you withdraw your will-power from the things, they are free to develop their own energy. Your world of objects perhaps develops its energy precisely when one leaves it in freedom and concentrates on "the other side" of your painting. But what is apparent in your words is a constant search—for what?

MF: I think that wishes and desires are multiple impulses that nourish our creativity. I also think that the lack of something which we can scarcely name is essential for our life energy. An absence can be a dynamic element. Longing is an absolutely fundamental life energy.

DvD: Perhaps this energy of searching, of wishing, is related to the dynamism that can emanate from a border. In the establishment of a point up to where but no further, there is a power in which the Biblical tradition sees a creative energy. But I think that a dynamism can also arise in the respecting of a border.

MF: I believe that it is a matter of both aspects at once: of rebelling against a border that is certainly invigorating, and of respecting it. I think that rebellion against one's own establishment of borders is a constant struggle out of which new life energies arise again and again. On the other hand, the recognition and preservation of borders, knowledge of the measure of things, is surely an essential prerequisite for the creative process. In *Le Chef-d'oeuvre inconnu*, Balzac left a monument to this capability, precisely in that he registers the incapacity for recognizing a limitation and describes the disaster that arises therefrom. But I also think that borders are like emergency bridges across the chaos; without them, it would be madness only.

DvD: This thematic area also seems to me to include the pictures whose canvas and stretcher are divided in two—one could consider them to be diptyches, but it is in fact a matter of one and the same painting through which there runs a vertical or horizontal division; a tree can be cut through in the middle, a table with extremely long legs can continue on a second canvas, as if the space had not been sufficient.

MF: In fact these paintings oscillate between a certain laughing irony, the patched extension, and the drama that something which until just a moment ago was whole is now broken into two. In spite of the humor inherent to the extended canvas, there is also present for me a sort of power, for the object has an overflowing aspect to it, something irrepressible, does not allow itself to be tamed in smaller proportions. But the precariousness of a situation or an object, which seemingly radiates such security but is in fact so fragile that it could break apart at any moment is a phenomenon which I investigate again and again.

DvD: Just as in the painting *Precarious Unity*, 2004, with which the theme is clearly enunciated, namely the splitting up of a unity.

MF: The theme of the trees is connected with a particular moment in my life.

DvD: Strange that precisely this divided tree is the last one—because for me it is as if with the splitting you were not only wounding the skin of the picture like Fontana, but were also ripping apart the illusion, rendering visible in the middle of the picture the stretcher, the edge of the painted world, opening wide the gap between the present of the picture and the wall.

MF: If I paint a picture with a certain distance, allow it to perform as if on a stage, I still see the presence of the picture. All of these trees lack root and crown, traverse the canvas in close-up in a vivid yellow brightness, as if they were rays of light. Others are preserved in blue; for me they have something disappearing, dissipating, just like souls which appear in an uncertain shape and then disappear again.

DvD: These sorts of associations arose for me in front of your picture *Transition*, 2006—it seemed to me as if I were seeing three essential forms simultaneously in one picture: a tree as presence, a box made of wood, and at the edge a sort of phantasm . . .

MF: Maybe I didn't think that so specifically, but on a more abstract level it was in fact my concern to transfer into pictorial form that which is there, which can be there, which disappears. For me *Transition* mirrors something like a difficult state of the soul; *Precarious Unity*, on the other hand, was something different—sometimes pain can change into unrestrained rebellion. As if one were to penetrate into the deepest reality of a pain, without embellishment, without appeasement, without sublimation. But I am of many layers—I can paint today a tragic picture and tomorrow a comic one, and in both moments I am one with my feelings.

DvD: This diversity becomes striking upon comparing your works from early years with works from today: the large canvasses at the beginning of the 1980s such as *Schiaparelli*, with which you make reference to the poet, or the two panels, one titled *That Metaphysical Nature of Drawing*, were created in an utterly different manner: the handling of the brush is forcible, and vigorously rigorous forms, sharply cutting into the pictorial space and recalling the abstract expressionism of someone like Clyfford Still, create a dramatically dense array of pictorial events that seems scarcely to have anything to do with your current paintings and scrolls, which live much more from their suggestiveness.

MF: I have never sought after a repeatable type of picture that could have become my label, but have always looked for the truth between an experienced inner world and a pictorial presence. I have proceeded from emotional events, from an experience which was so strong that it had to be expressed. For me painting means releasing emotions that are hidden within the things and objects all around us. Maybe I could bear drama better at that time because life was easier. Or perhaps I had other points of reference for tragedy, because I had experienced so little of it. I only know that I was still quite young back then and was fascinated by dramatic painting. I believe in a development in cycles—there are times when you strive for an overabundance, and then you want to free yourself once again and seek an almost empty pictorial space, something like a *tabula rasa*. Maybe the key has changed, but with me this shifting has continued right until today. The scrolls created in 2007 and 2008, which I call with a certain humor *Flat Boxes*, live from a joy in overabundance, but in no way do they possess something dramatic for me, but instead something mischievous. But sometimes this process also occurs within a picture—I begin with emptiness but fill it up more and more, build up a complex fullness and then all at once I must remove it all, scratch it away, overpaint it, and then recommence with emptiness. There is a constant questioning and seeking after a visual essence; with time, it becomes more and more necessary to achieve a reduction to the essential.

DvD: Is it possible to put into words what the essential is?

MF: Discarding everything we know is not true to ourselves, all unnecessary mannerisms. Perhaps it is that instant when the objects around us become liquid, when the containers of time lose their texture and become universal signs of a passage.

I'm thinking of the poem of Montale, "Portami il girasole":

". . . Tendono alla chiarità le cose oscure

si esauriscono i corpi in un fluire

di tinte: queste in musiche. Svanire

è dunque la ventura delle venture . . ."[3]

1. Paul Valéry, Eupalinos or, The Architect, Paris 1912.
2. Italo Calvino. *Lezioni americane: Sei proposte per il prossimo millennio*. Milan: Garzanti Editore, 1988, p. 91.
2. Eugenio Montale. *Ossi di seppia, 1920-1927*. Milan: Arnoldo Mondadori Editore, 1970, p. 61.

Opere / Works

Letter Measuring the Right Amount, 2000
pittura a olio, pigmenti su carta /
oil paint, pigment on paper
70 x 42 in. / 177,8 x 106,7 cm

Solitude, 2000
olio su carta / oil on paper
70 x 42 in. / 177,8 x 106,7 cm

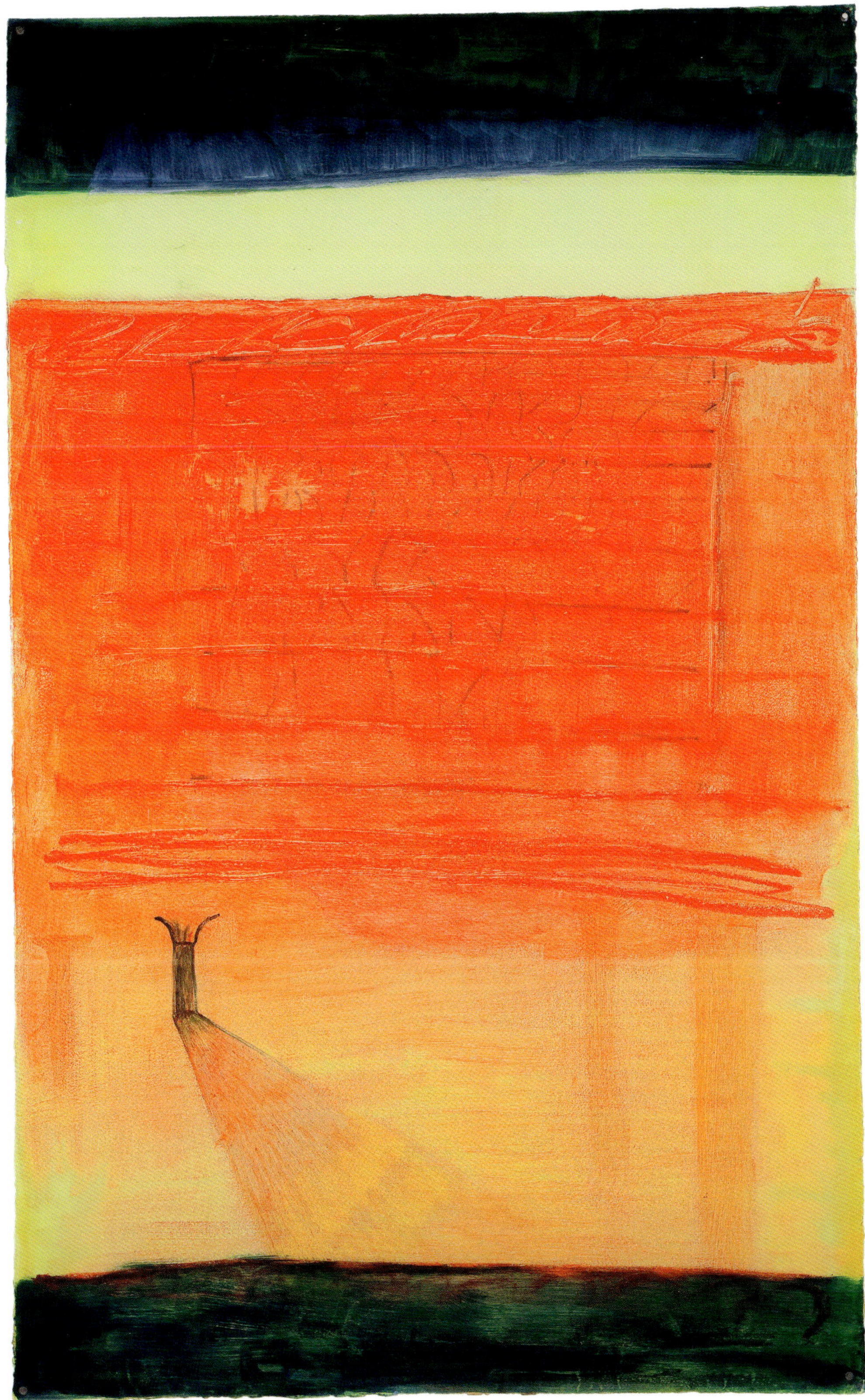

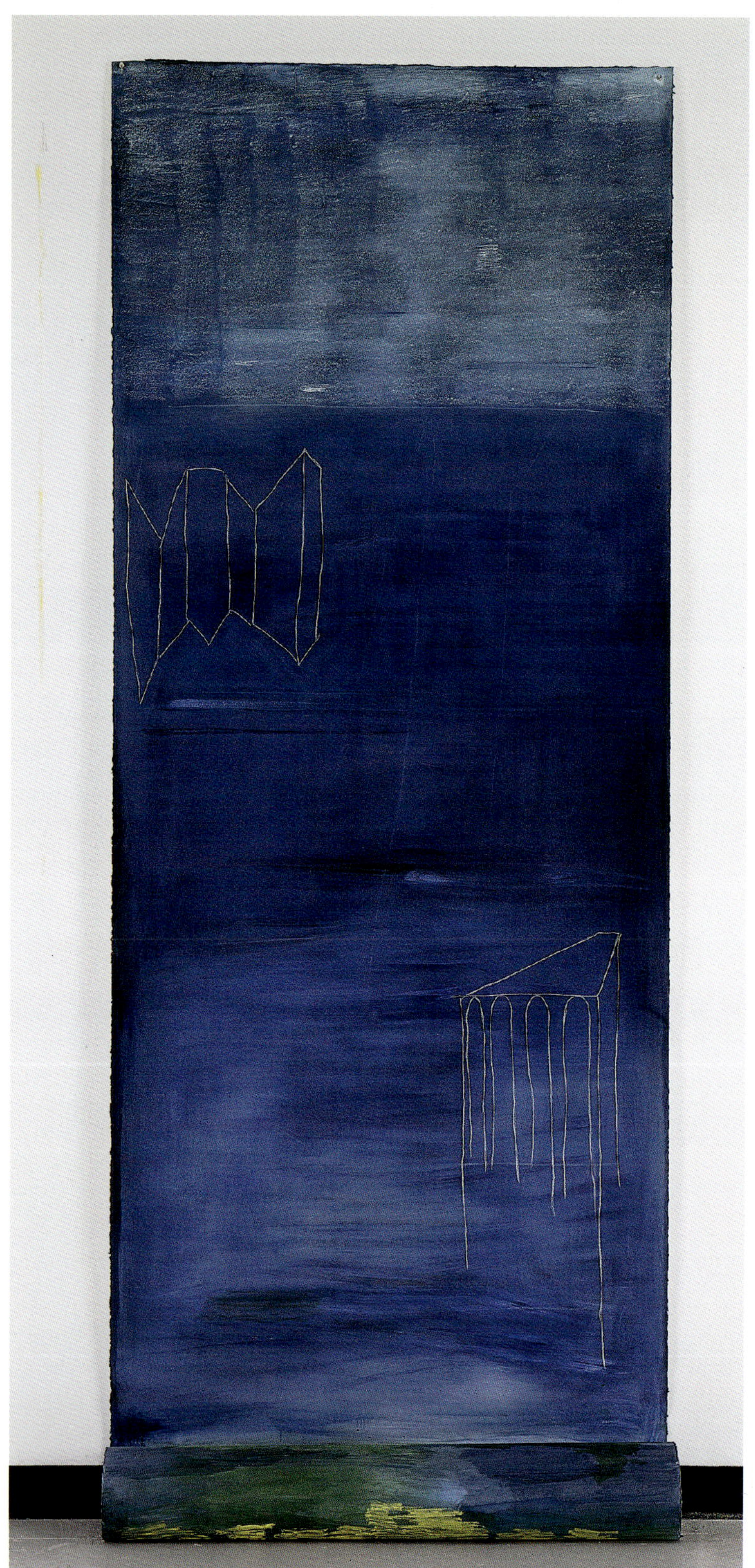

Archaeology, 1997
olio su carta / oil on paper
115 x 42 in. / 292 x 106,7 cm

Everything Is a Hieroglyphic, 1994
olio su carta / oil on paper
115 x 42 in. / 292 x 106,7 cm

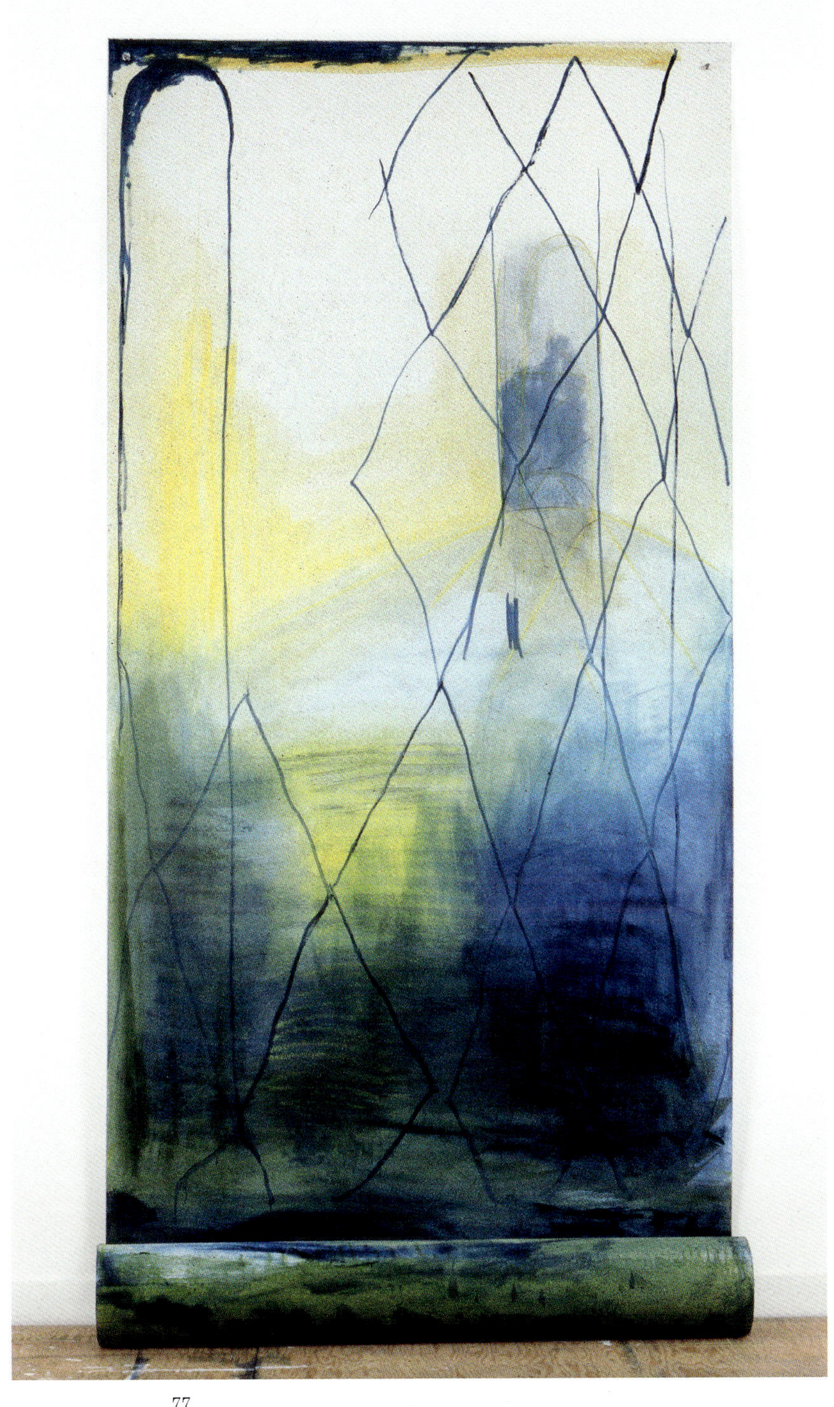

Essence of Gravity, 1995
olio su carta / oil on paper
21.75 x 109 in. / 55,3 x 276,9 cm

Order by Fluctuation, 1980
olio su carta / oil on paper
30.5 x 97 in. / 77,5 x 246,4 cm

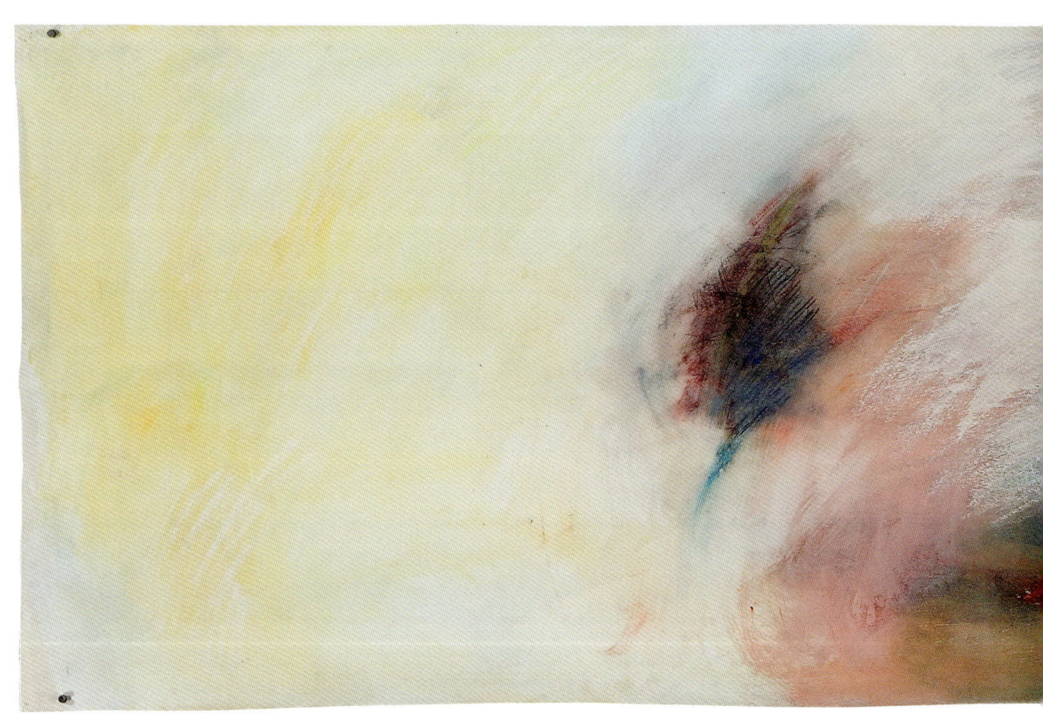

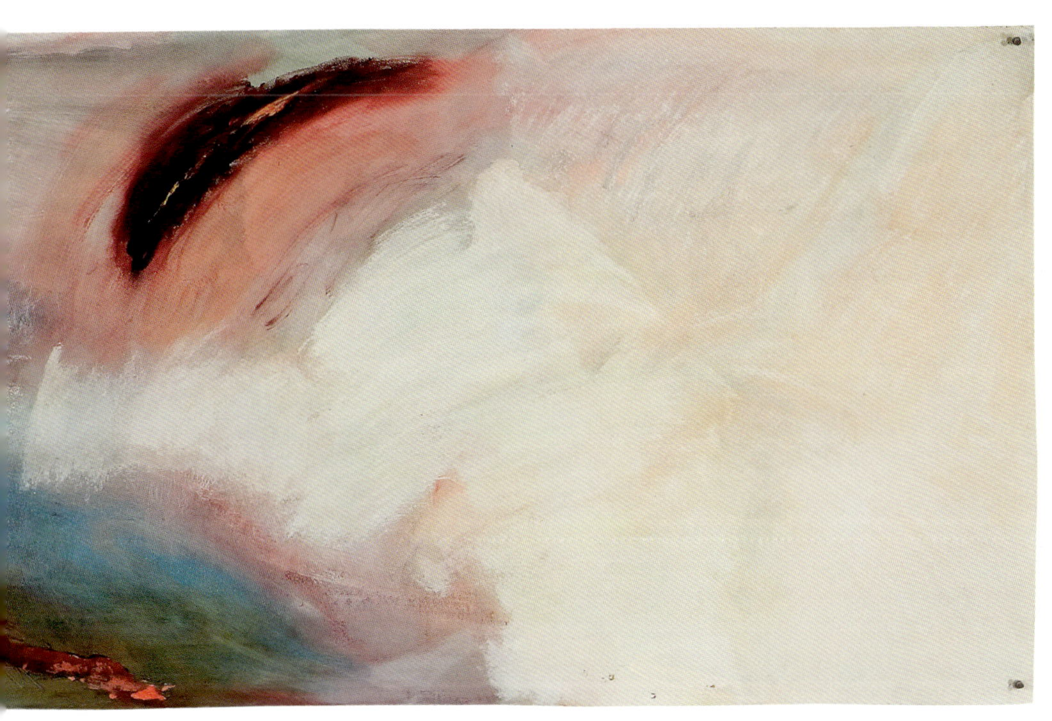

no. 1 *Warped Geometry*, 1979
olio, pastello a olio su carta /
oil, oil pastel on paper
2.5 x 6 in. / 6,4 x 15,5 cm

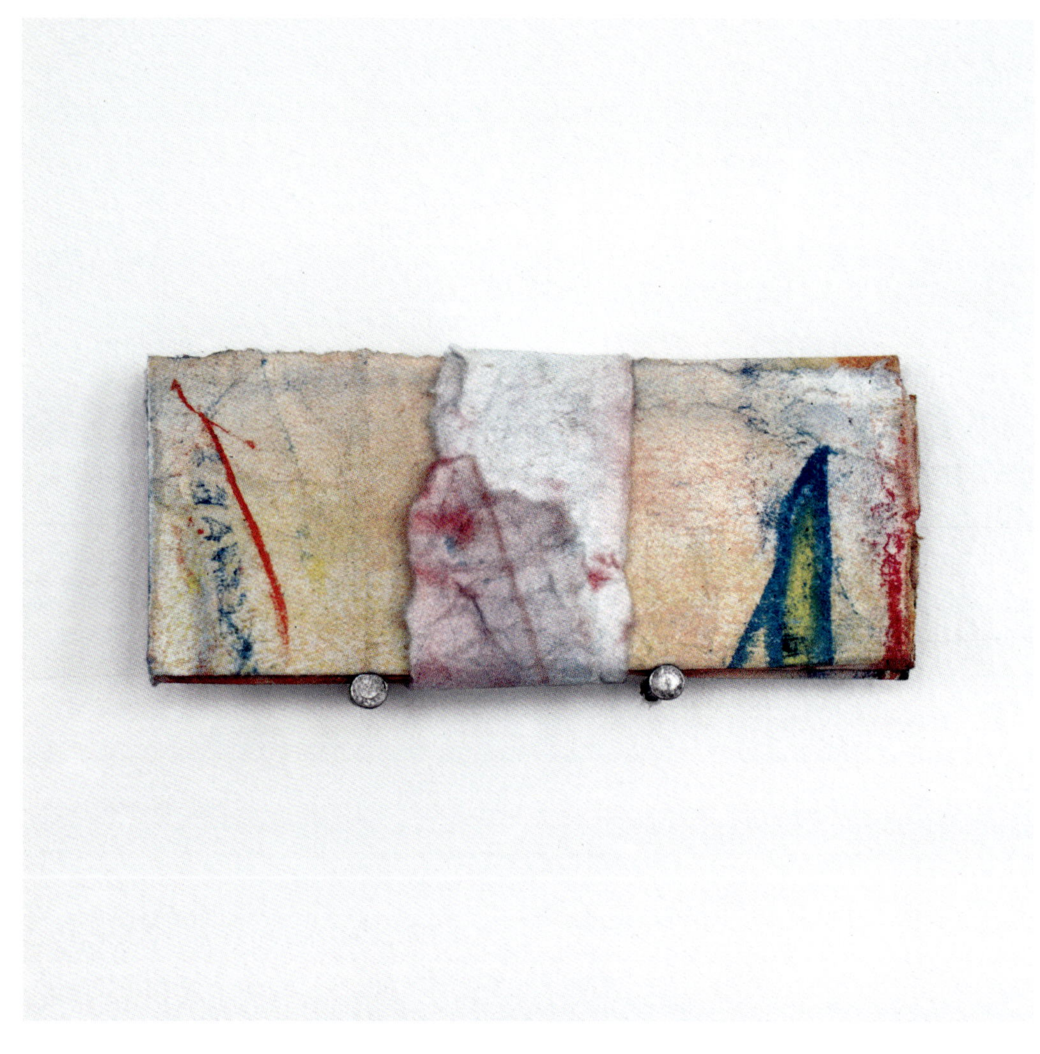

no. 2 Warped Geometry, 1979
olio, pastello a olio su carta /
oil, oil pastel on paper
2.5 x 6 in. / 6,4 x 15,5 cm

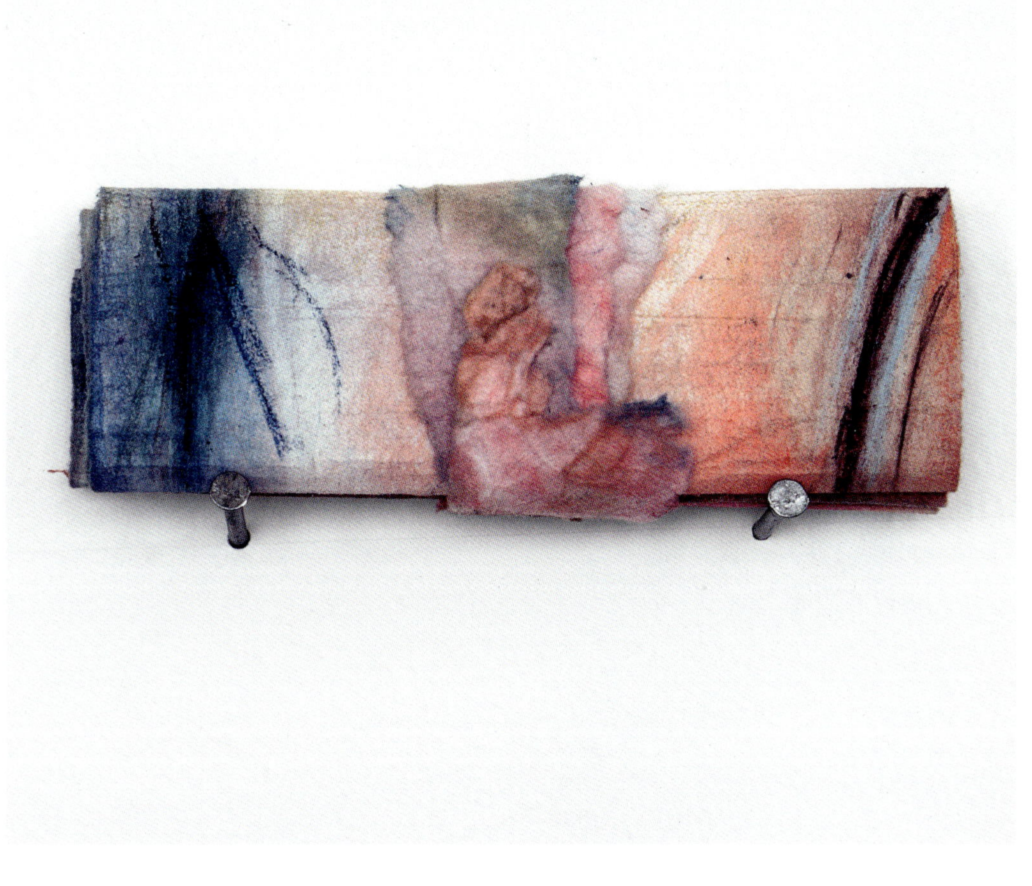

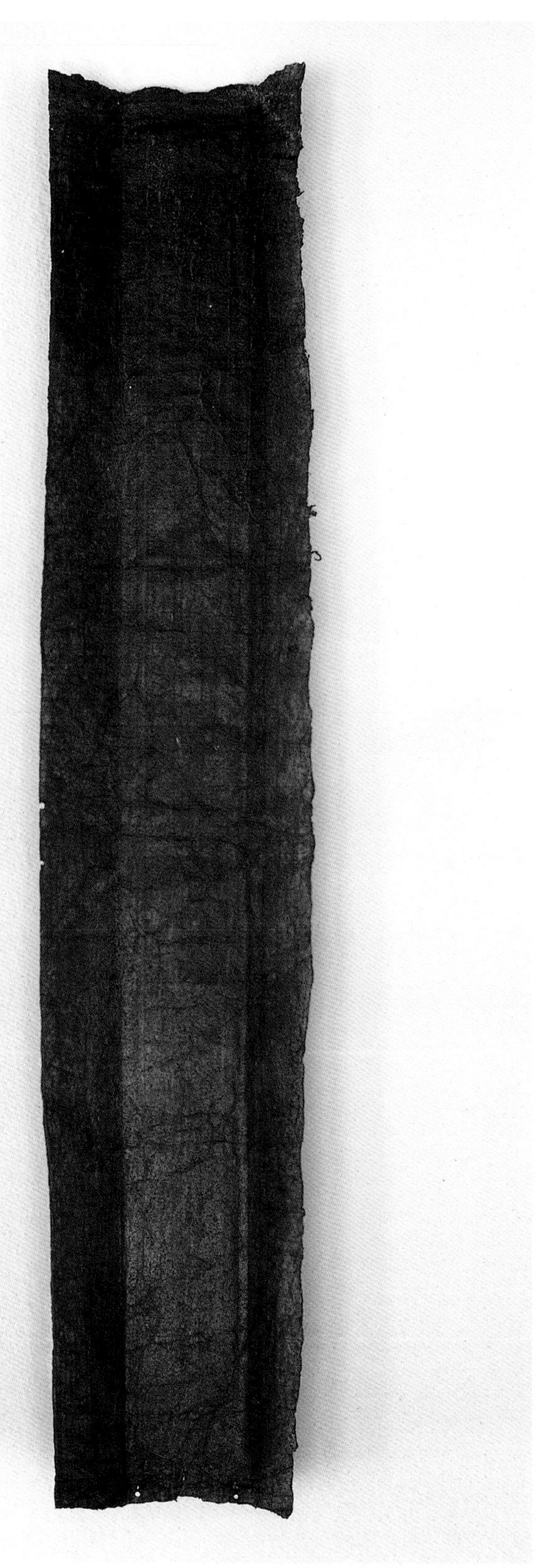

African Series:
Warped Geometry, 1979
olio di semi di lino, pastello /
linseed oil, pastel
20 x 4.4 in. / 50,8 x 11 cm

African Series:
Warped Geometry, 1988
olio su cartone / oil on
cardboard
24 x 25 in. / 61 x 63,5 cm

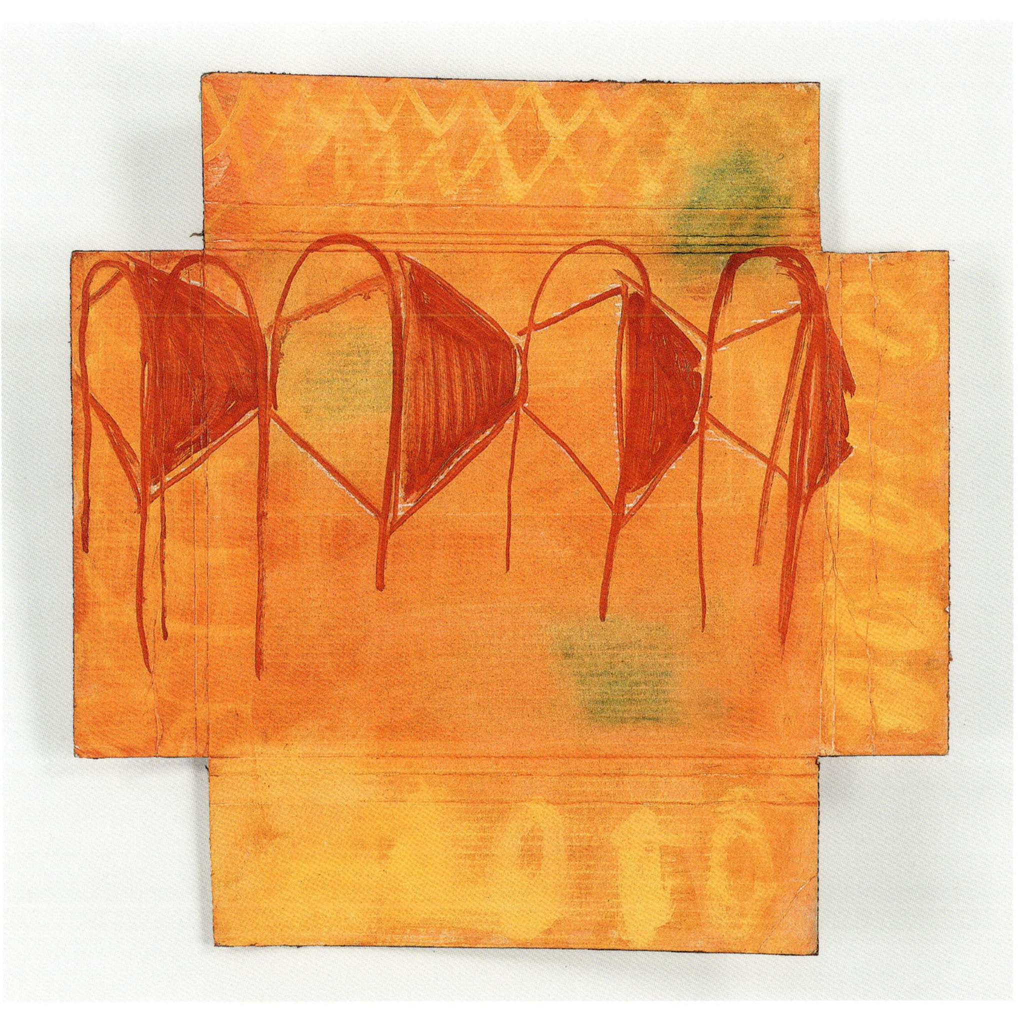

Essence of Gravity 2, 1995
olio su carta / oil on paper
36.5 x 97 in. / 92,7 x 246,4 cm

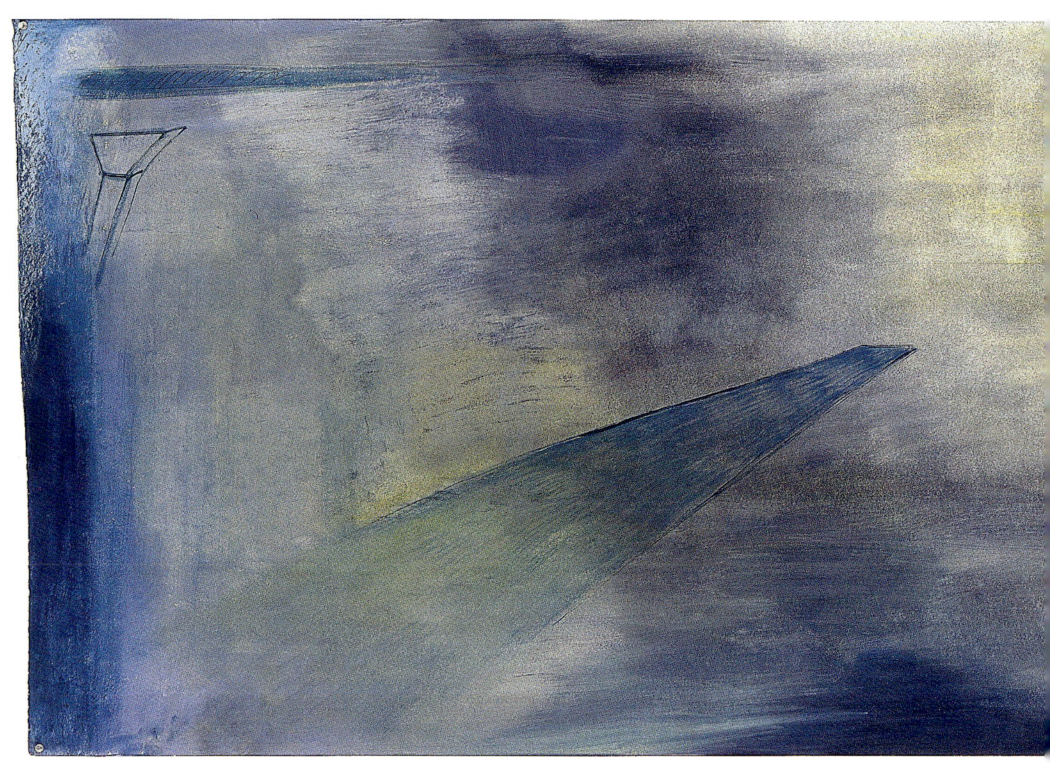

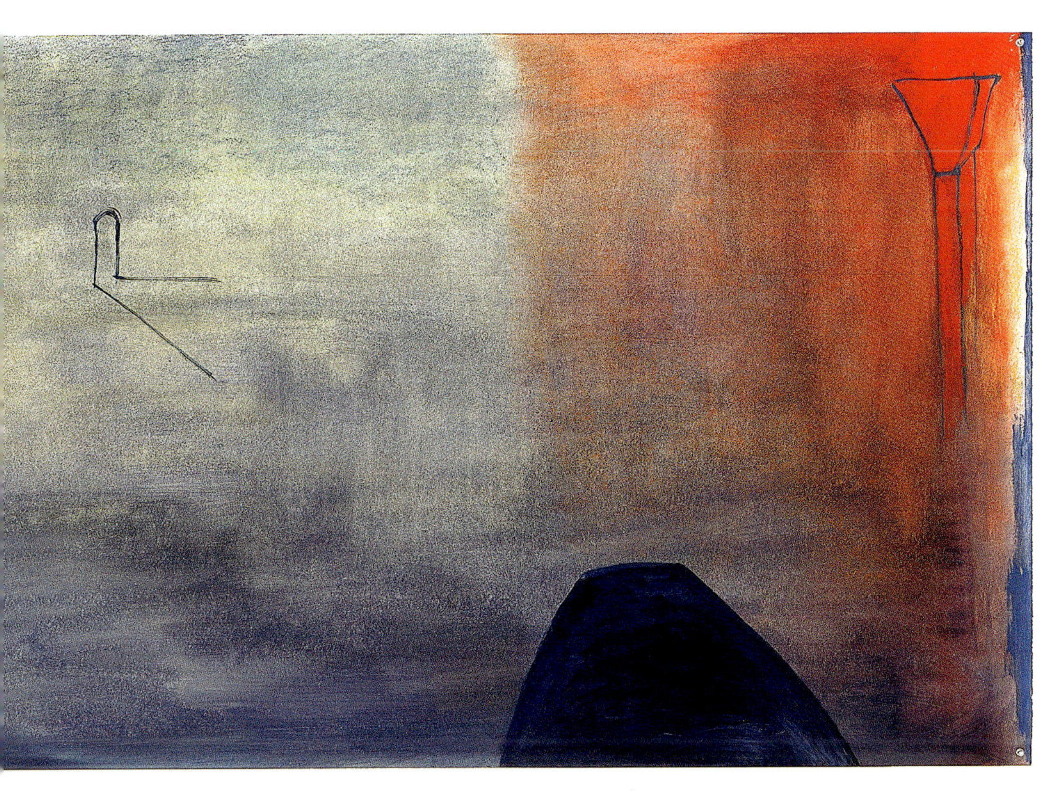

Cosmic Series: dittico / diptych   The Fragility of What Is Said, 1997
olio su carta / oil on paper
70 x 42 in. / 177,8 x 106,7 cm

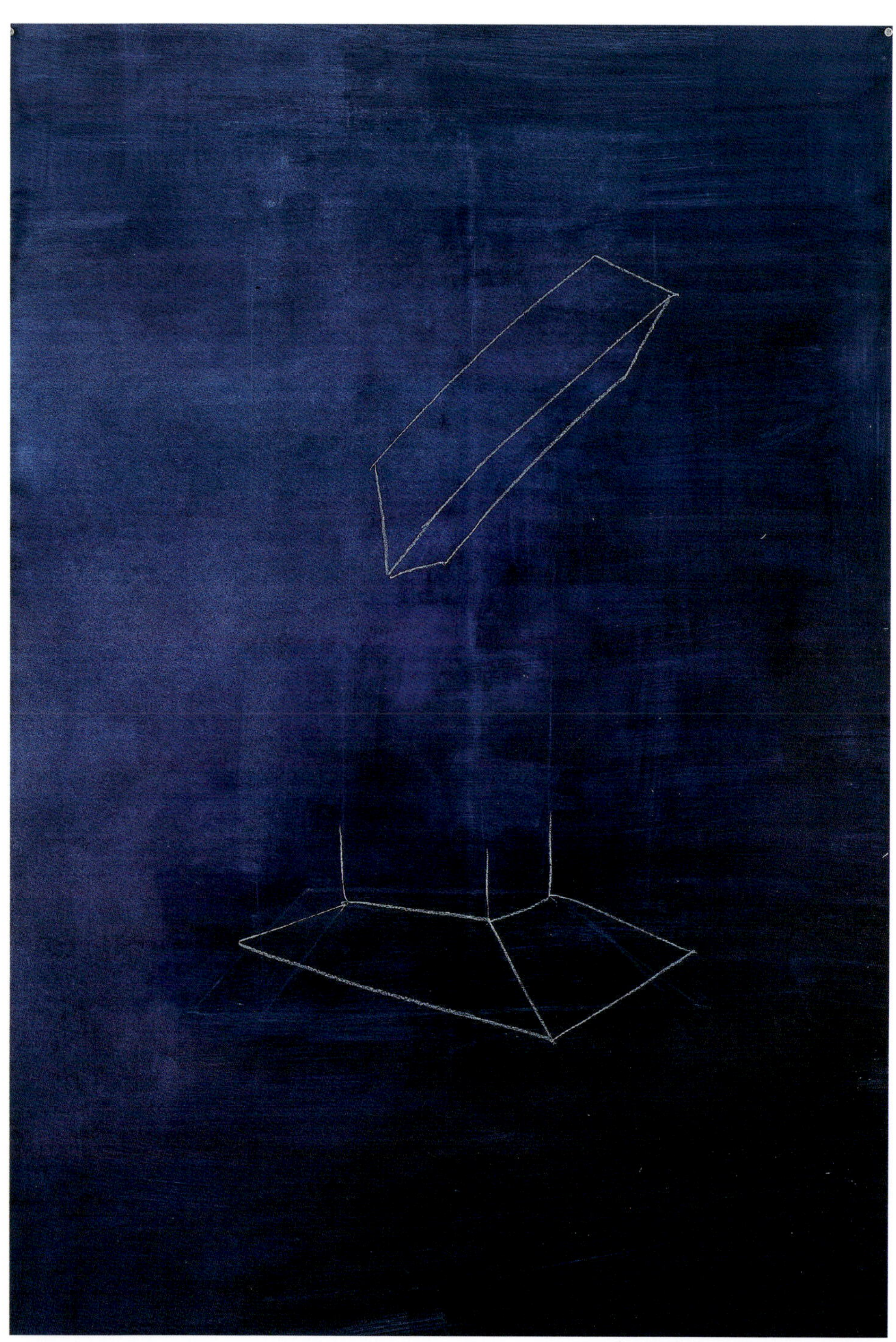

Balancing the Lightness in
What We Say, 1997
olio su carta / oil on paper
70 x 42 in. / 177,8 x 106,7 cm

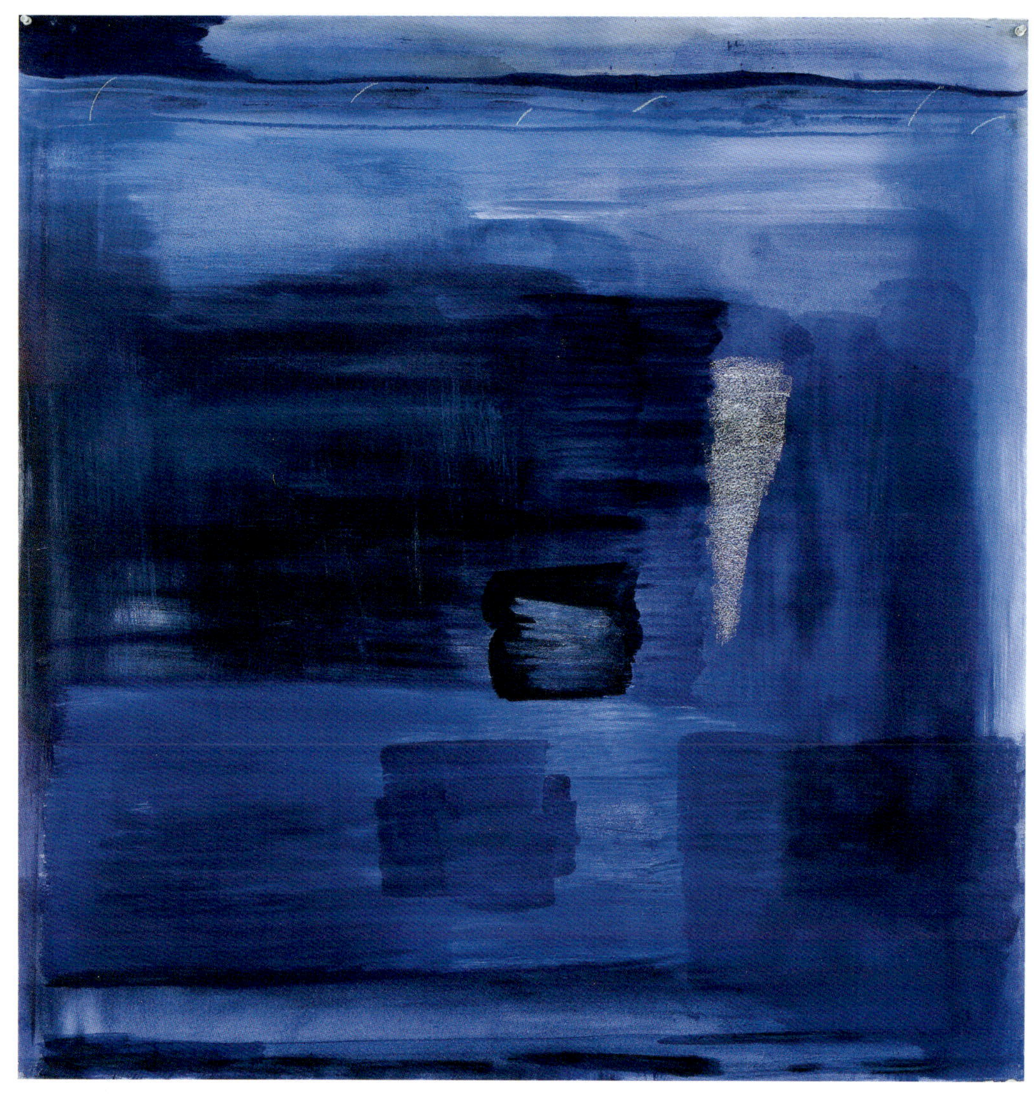

Cosmic Series: Deep, 1997
olio su carta / oil on paper
42.25 x 40 in. / 107,3 x 101,5 cm

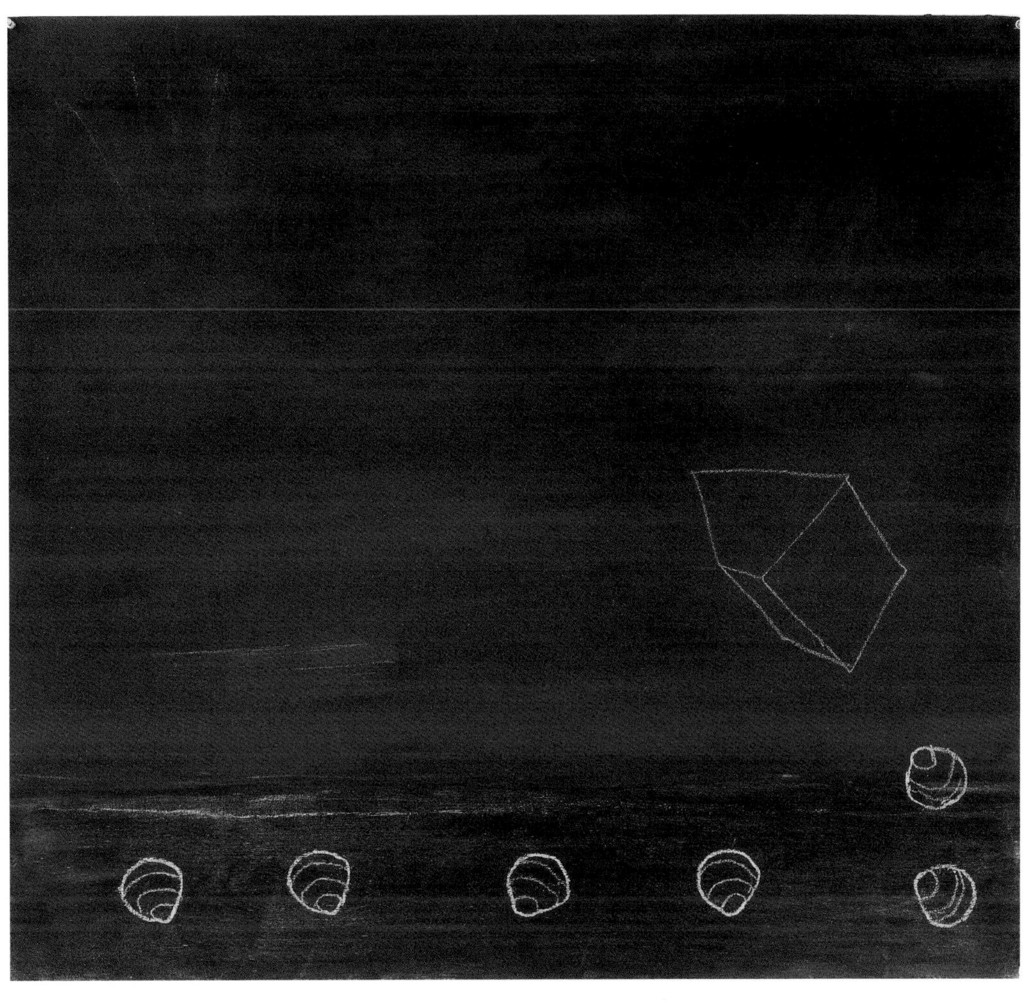

Cosmic Series: Nostalgia, 1997
olio su carta / oil on paper
40 x 42 in. / 101,5 x 106,7 cm

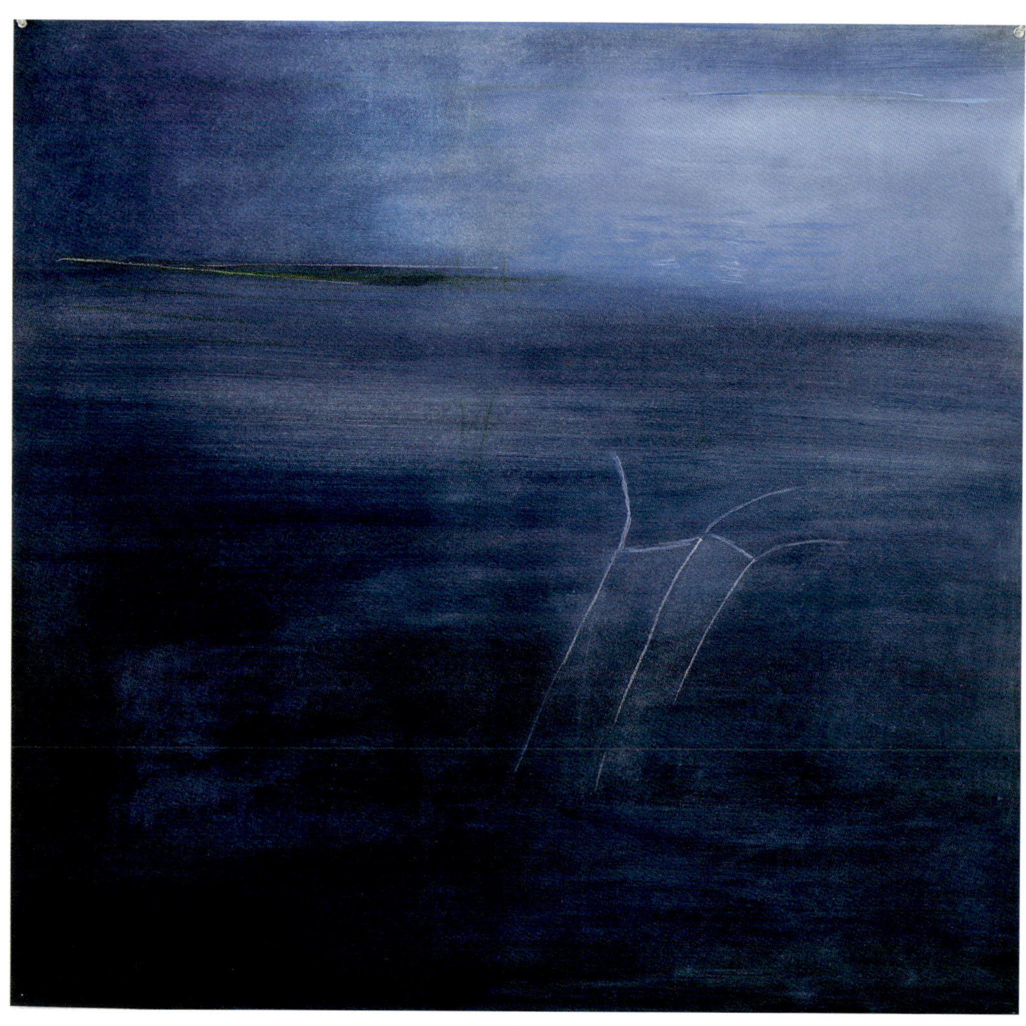

Cosmic Series:
Più profondo, 1997
olio su carta / oil on paper
38 x 38 in. / 96,5 x 96,5 cm

Cosmic Series:
La spiaggia al di là, 1997
olio su carta / oil on paper
48 x 48 in. / 122 x 122 cm

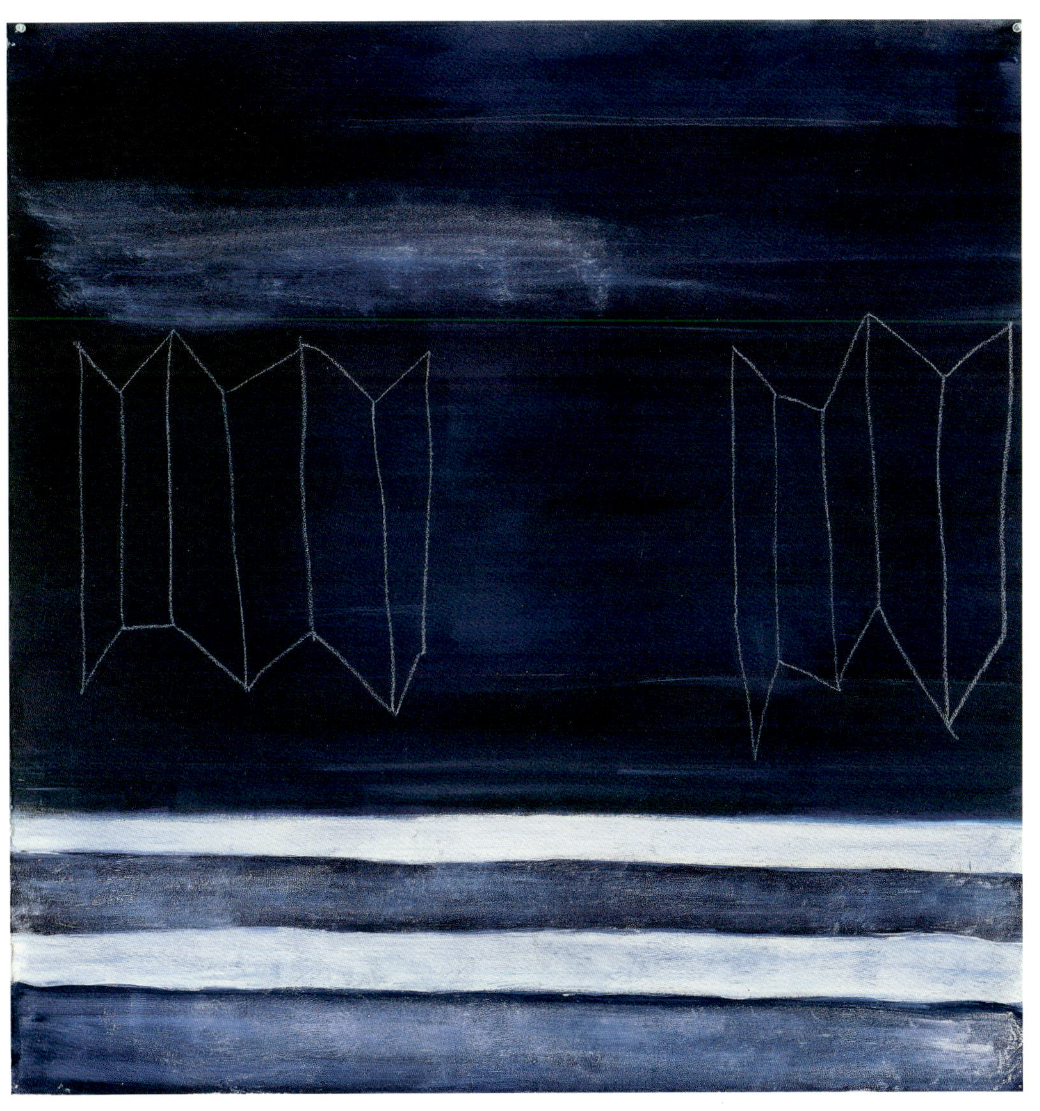

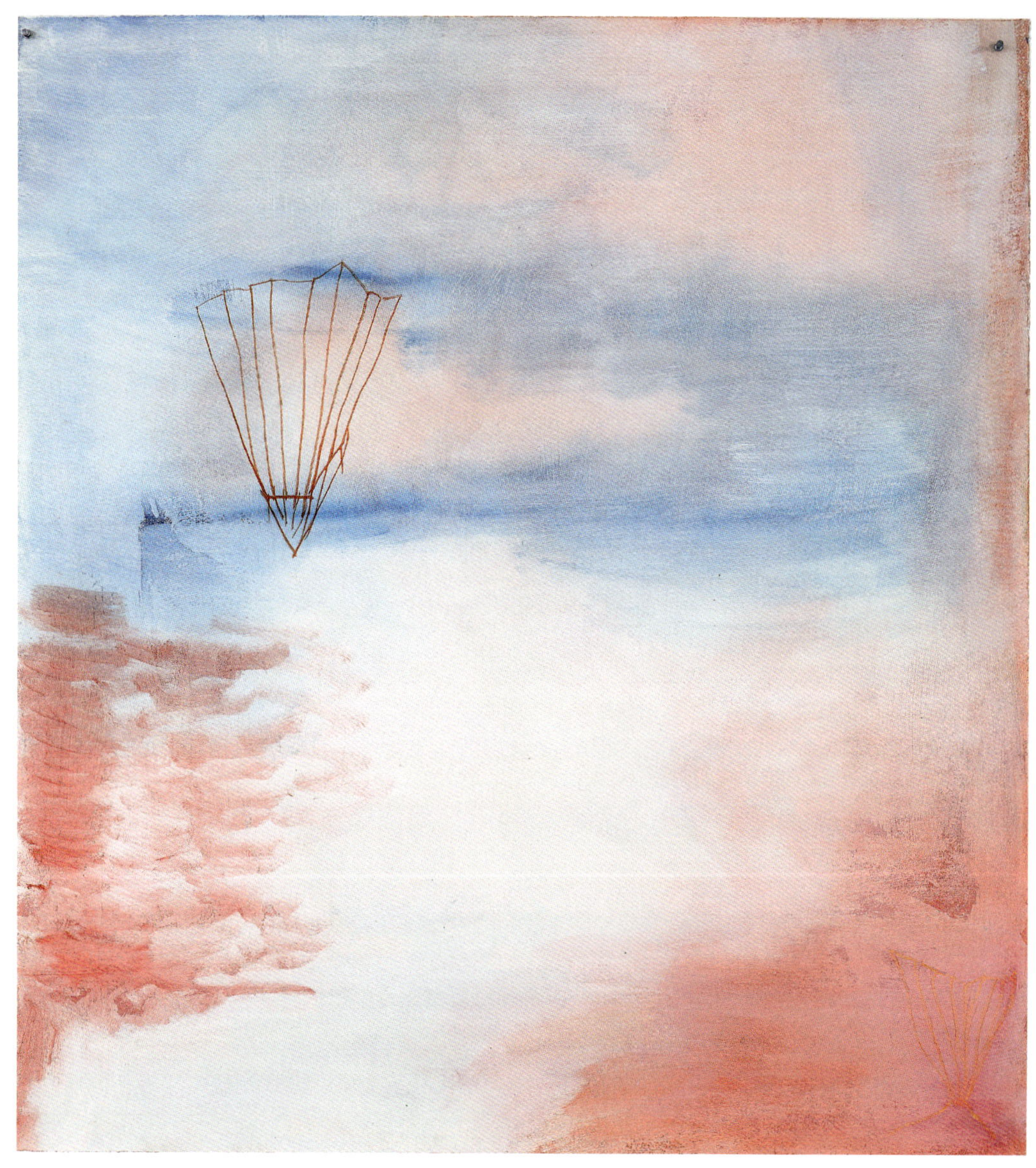

Rosa Tiepolo, 1989
gesso, pittura a olio su carta /
gesso, oil paint on paper
42 x 41 in. / 106,7 x 104 cm

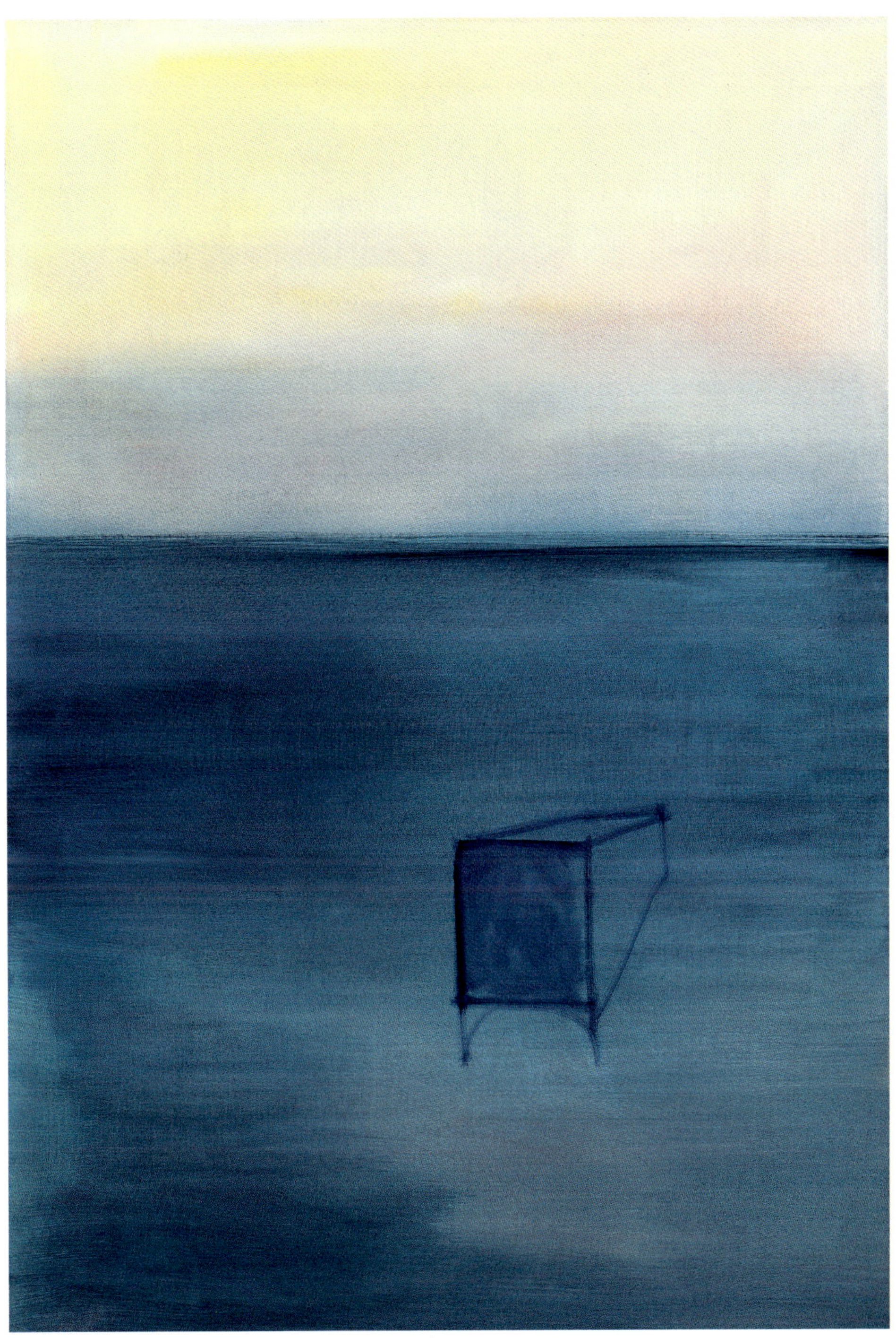

Something Absent, 2000
olio su tela di lino /
oil on linen
54 x 36 in. / 137 x 91,5 cm

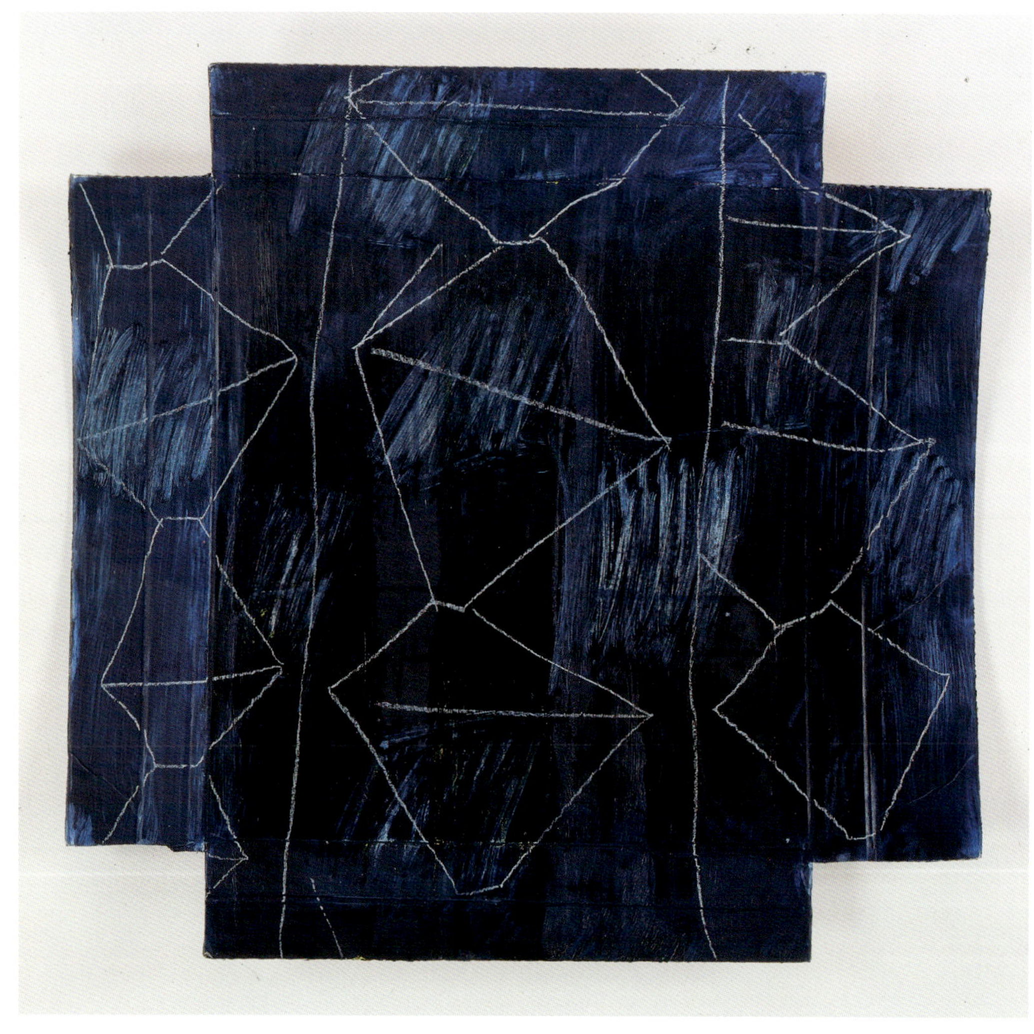

De Rerum Natura, 1995
olio, pastello a olio /
oil, oil pastel
24 x 25 in. / 61 x 63,5 cm

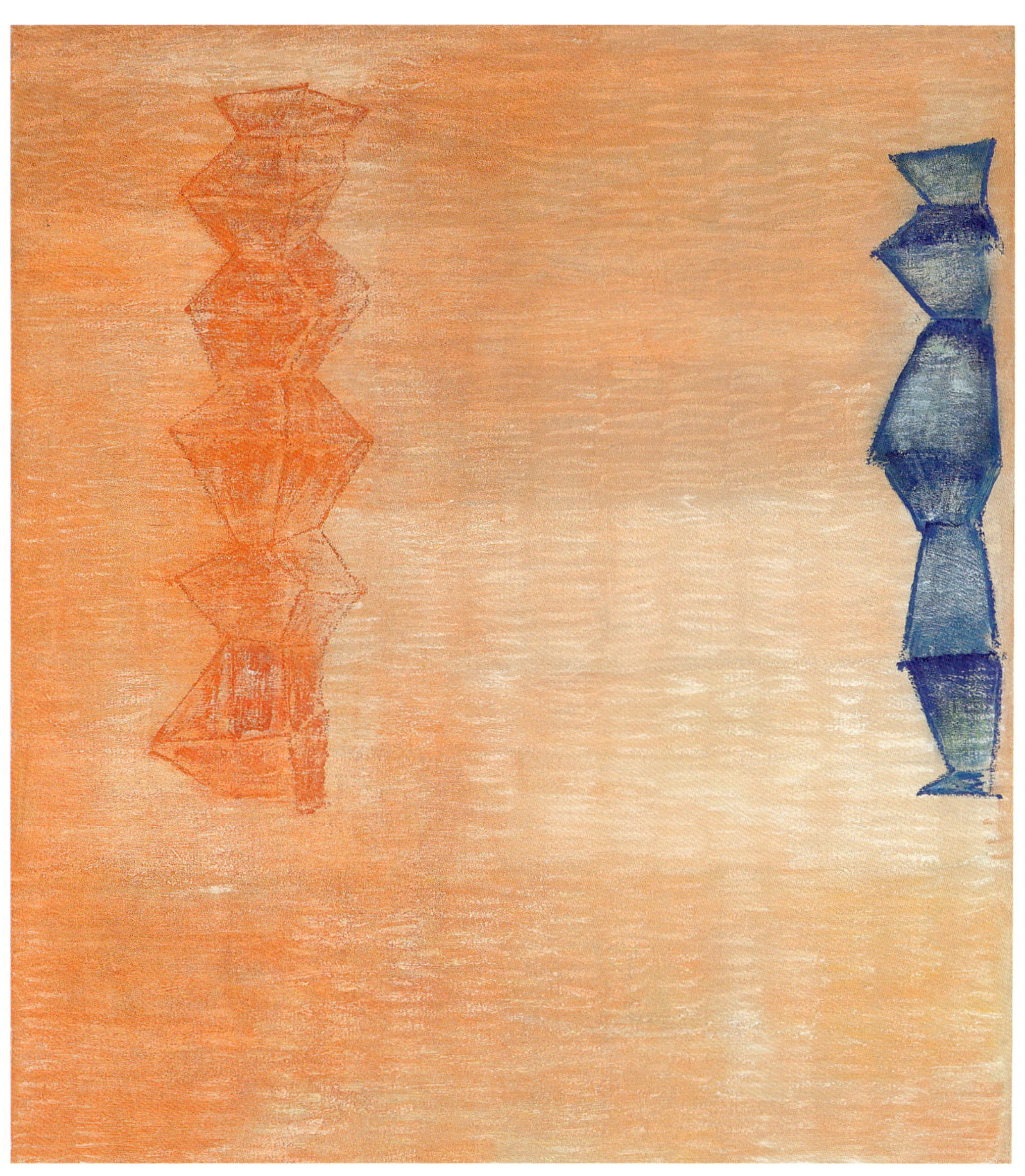

A Distant Dialogue, 2005
olio, pastello a olio su tela di lino /
oil, oil pastel on linen
44 x 38 in. / 111,8 x 96,5 cm

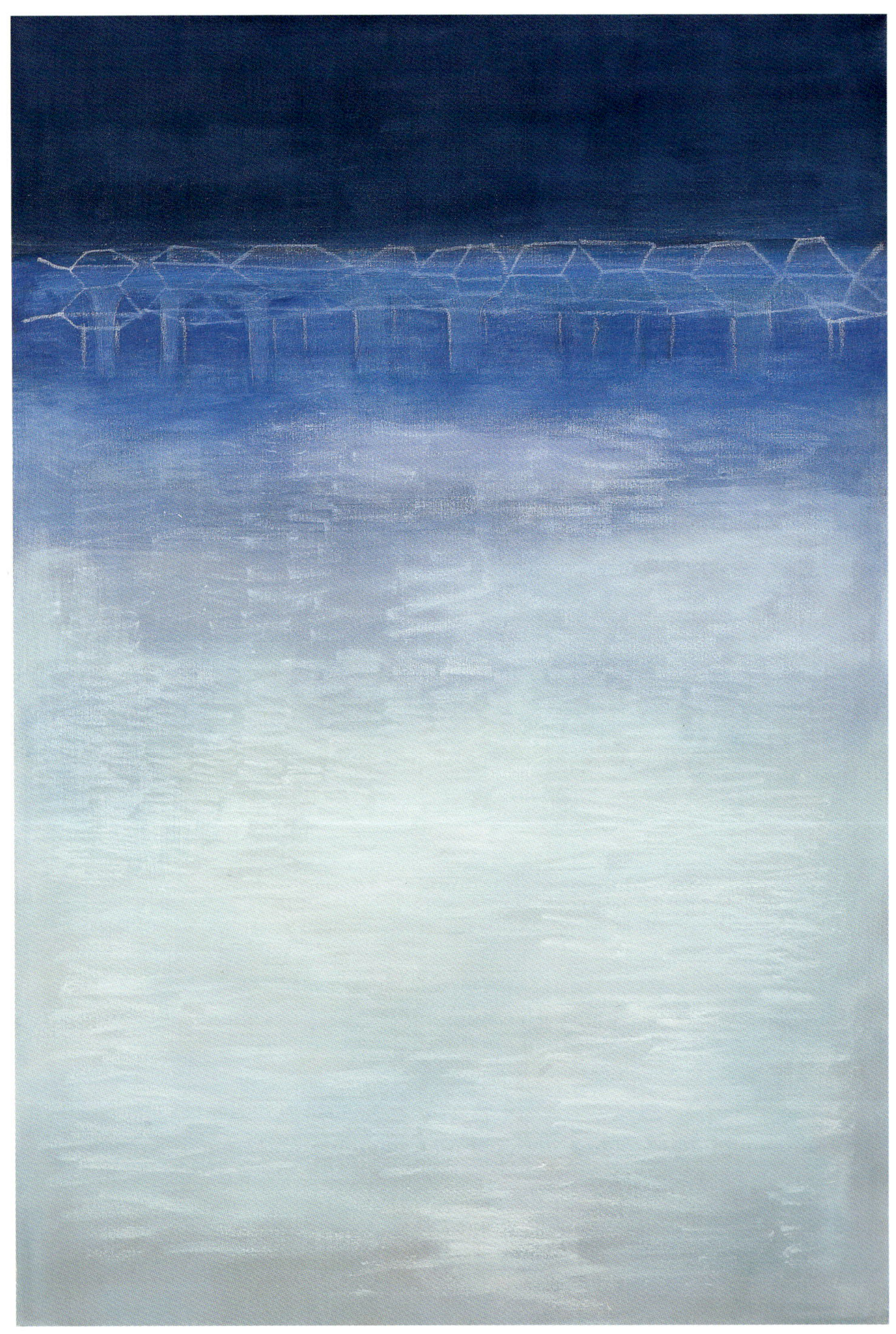

Gravity, 2007
olio su tela di lino /
oil on linen
54 x 36 in. / 137 x 91,5 cm

Far Away, 2007
olio su tela di lino /
oil on linen
54 x 36 in. / 137 x 91,5 cm

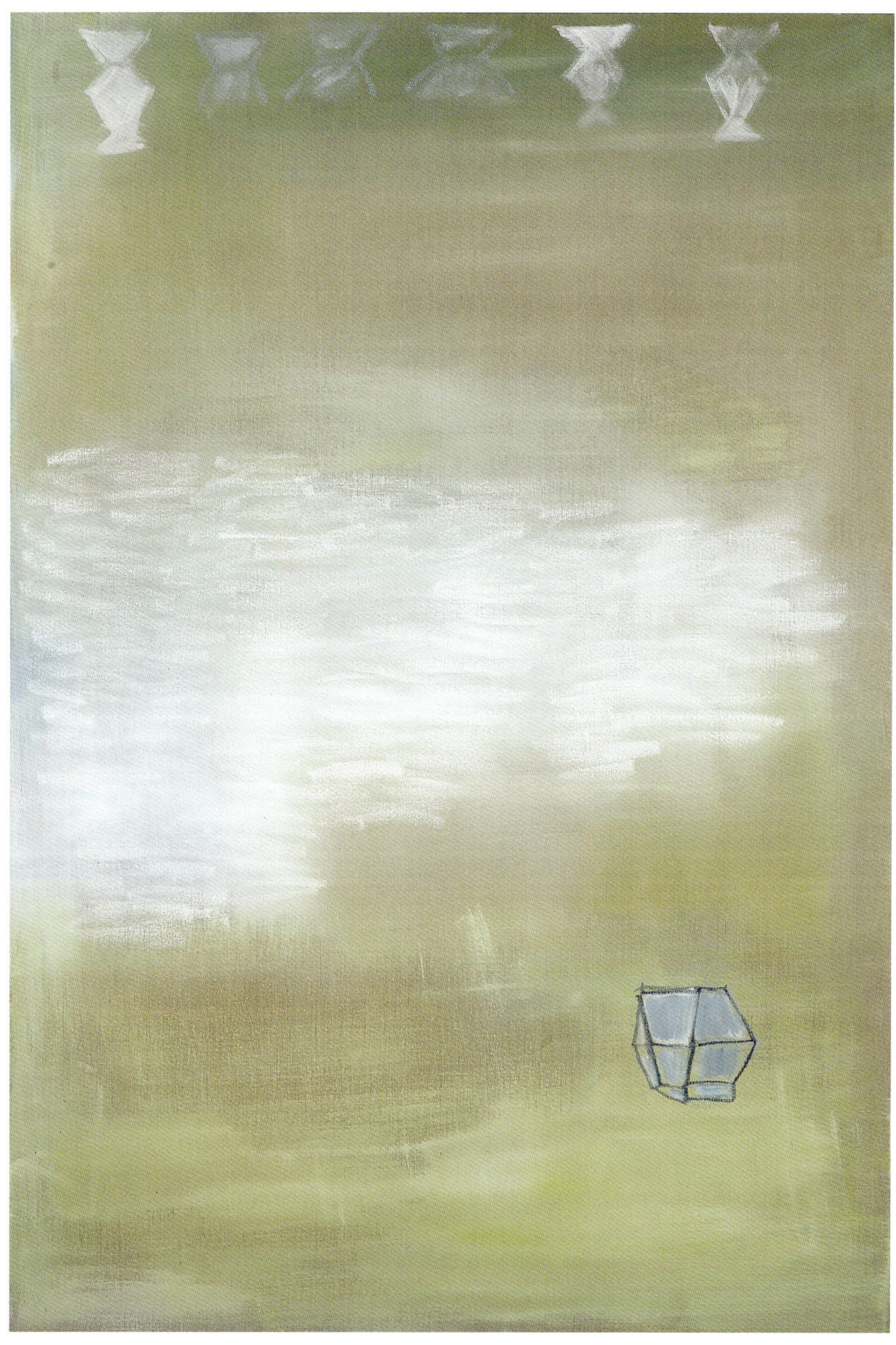

C'era una poesia di
Enzensberger, 2006
olio su tela di lino /
oil on linen
54 x 36 in. / 137 x 91,5 cm

Spontaneous Order, 1990
olio su tela di lino /
oil on linen
50 x 38 in. / 127 x 96,5 cm

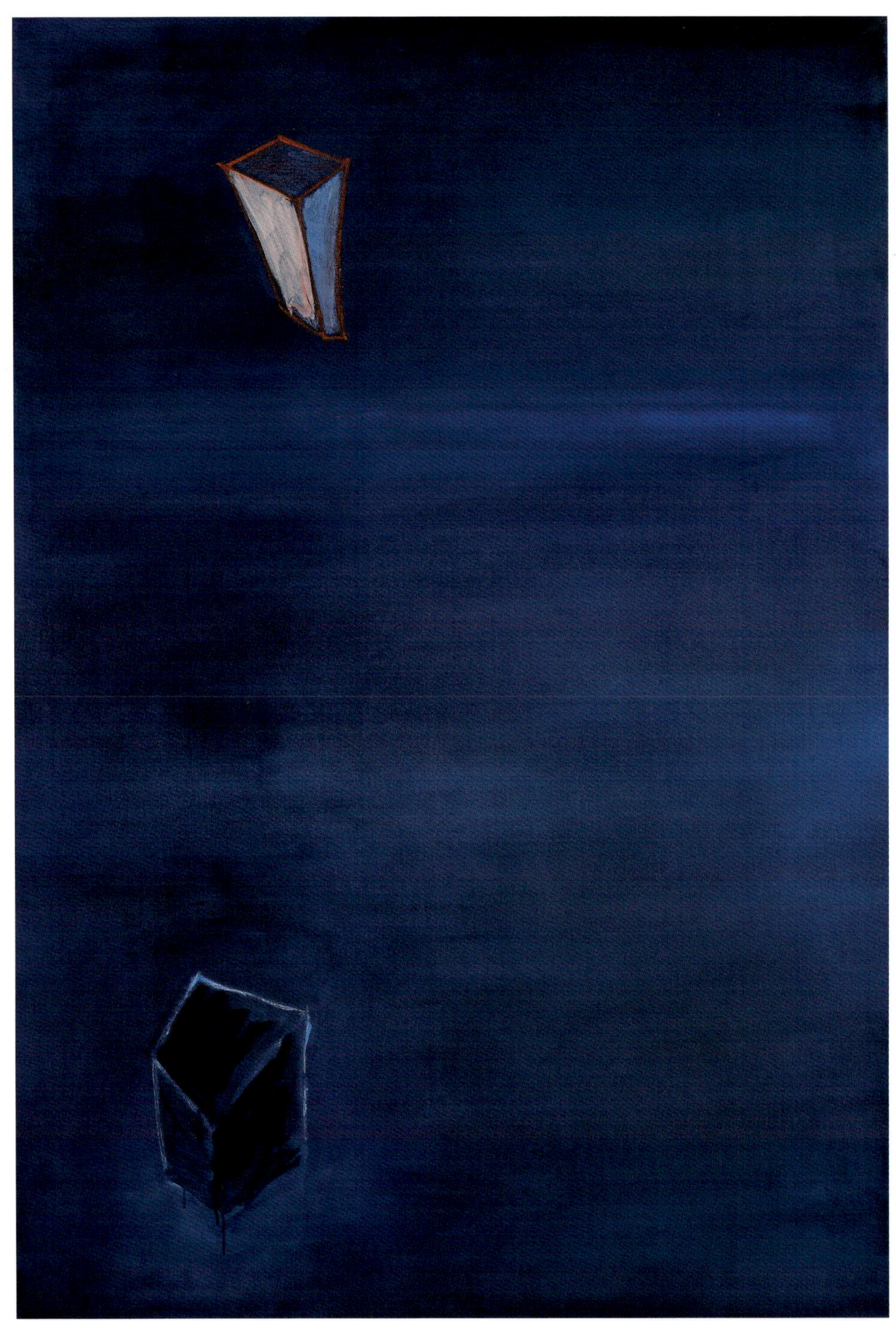

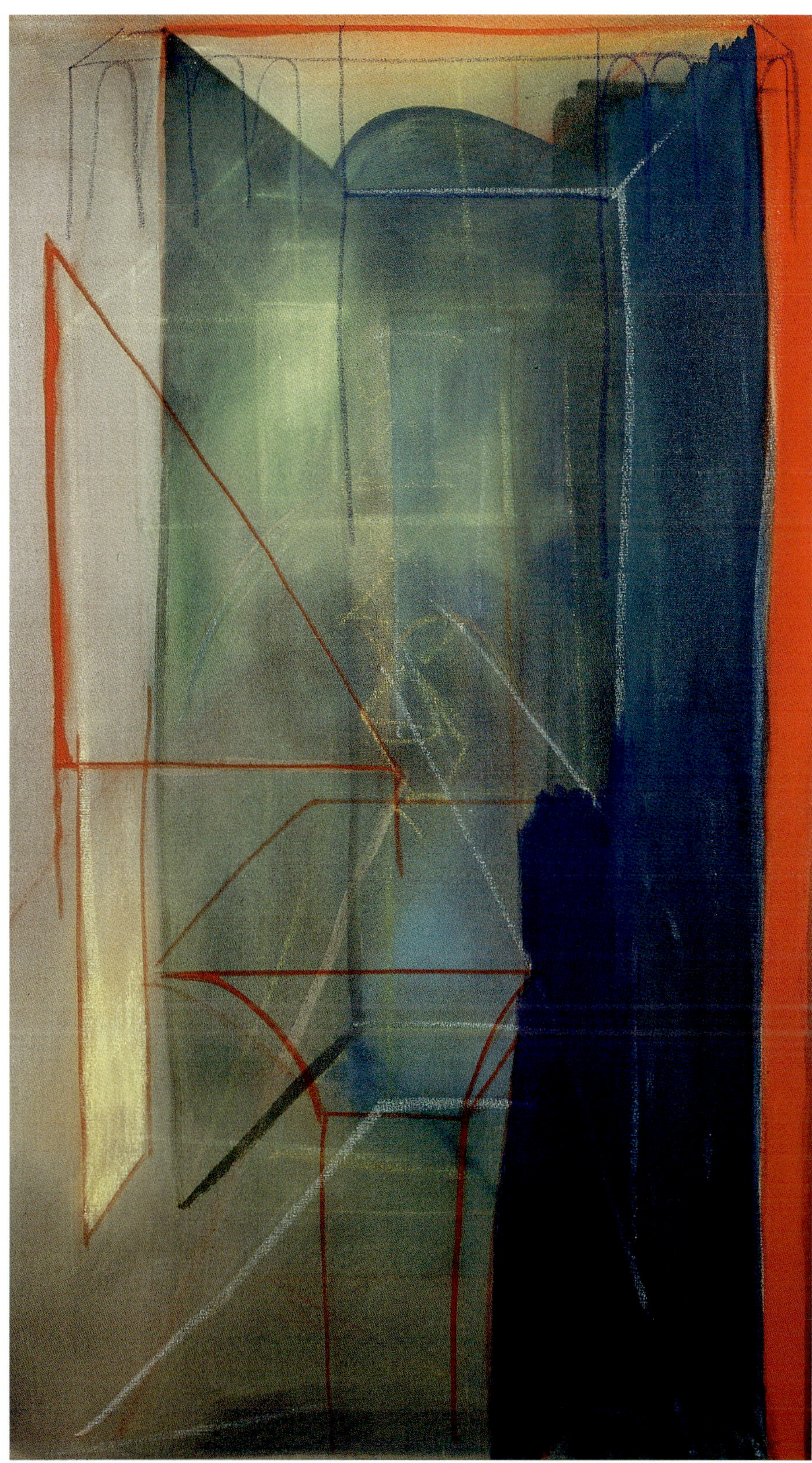

Meditation, 2003-2006
olio su tela di lino /
oil on linen
79 x 48 in. / 200,6 x 122 cm

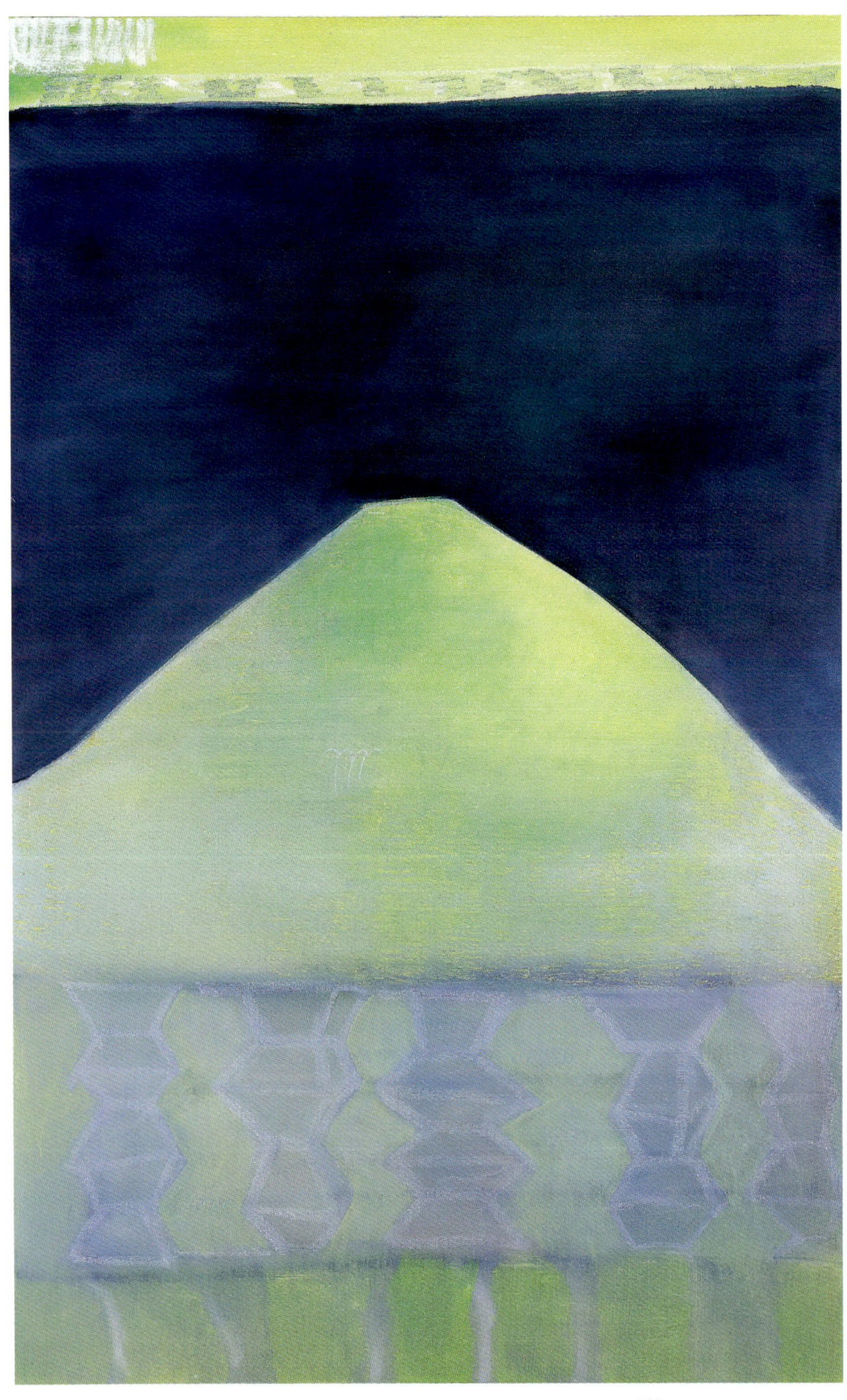

Contamination, 2006
olio su tela di lino /
oil on linen
54 x 36 in. / 137 x 91,5 cm

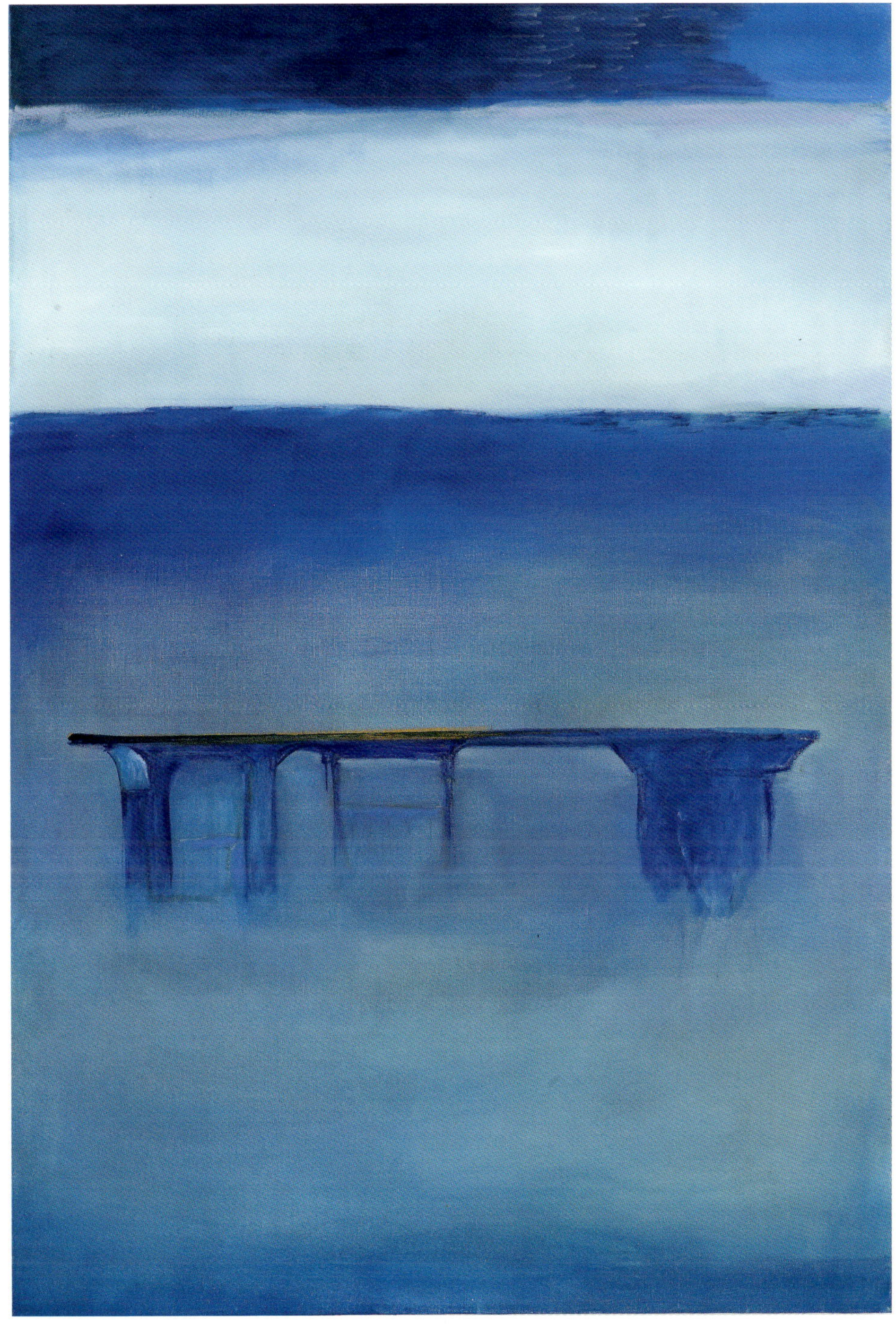

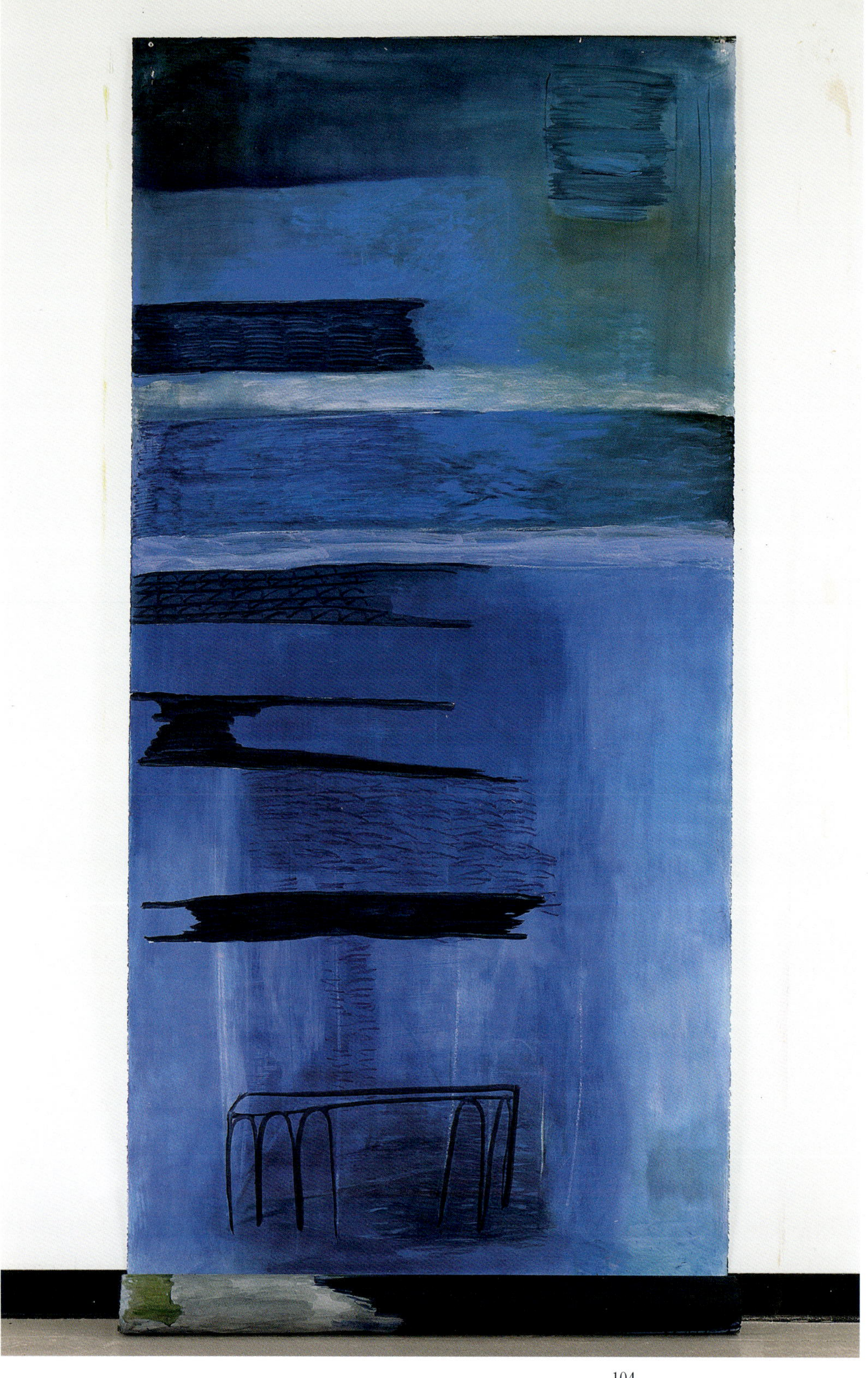

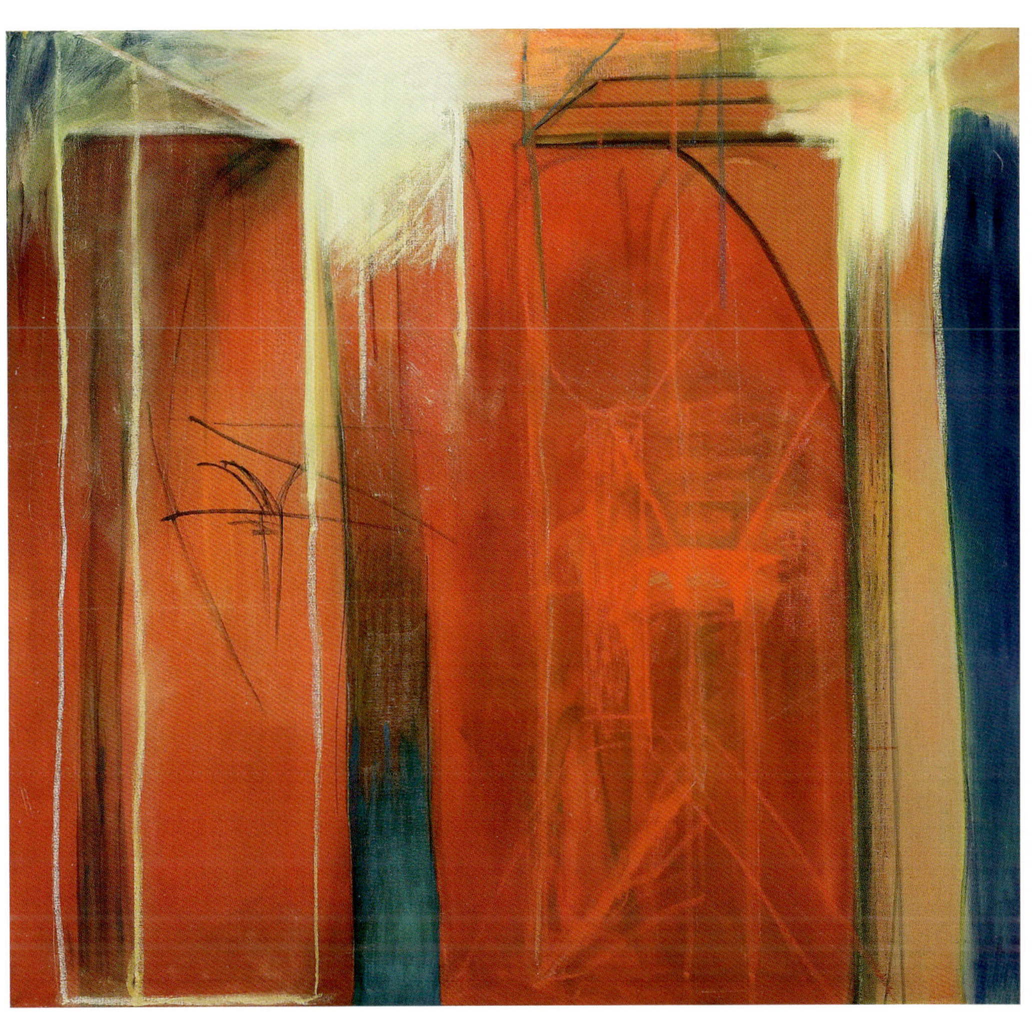

*Fluctuation and
Possibilities*, 1996
olio su carta / oil on paper
130 x 50 in. / 330,2 x 127 cm

Remote Proximity, 1990
olio su tela di lino /
oil on linen
68 x 70 in. / 172,7 x 177,8 cm

Della levità e del silenzio, 1991
olio su tela di lino / oil on linen
2 pannelli / panels
75 x 30 in. / 190,5 x 76,2 cm
ognuno / each

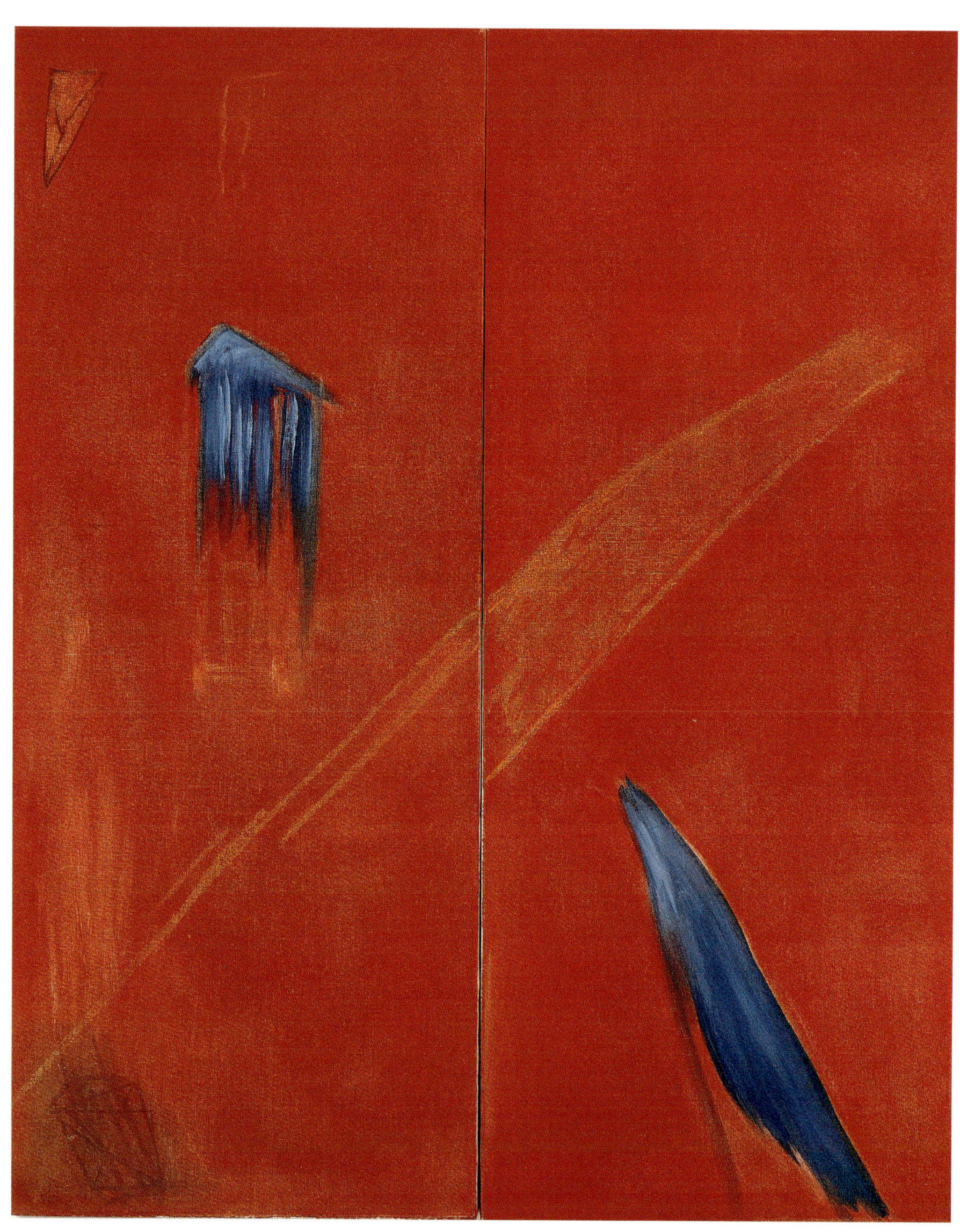

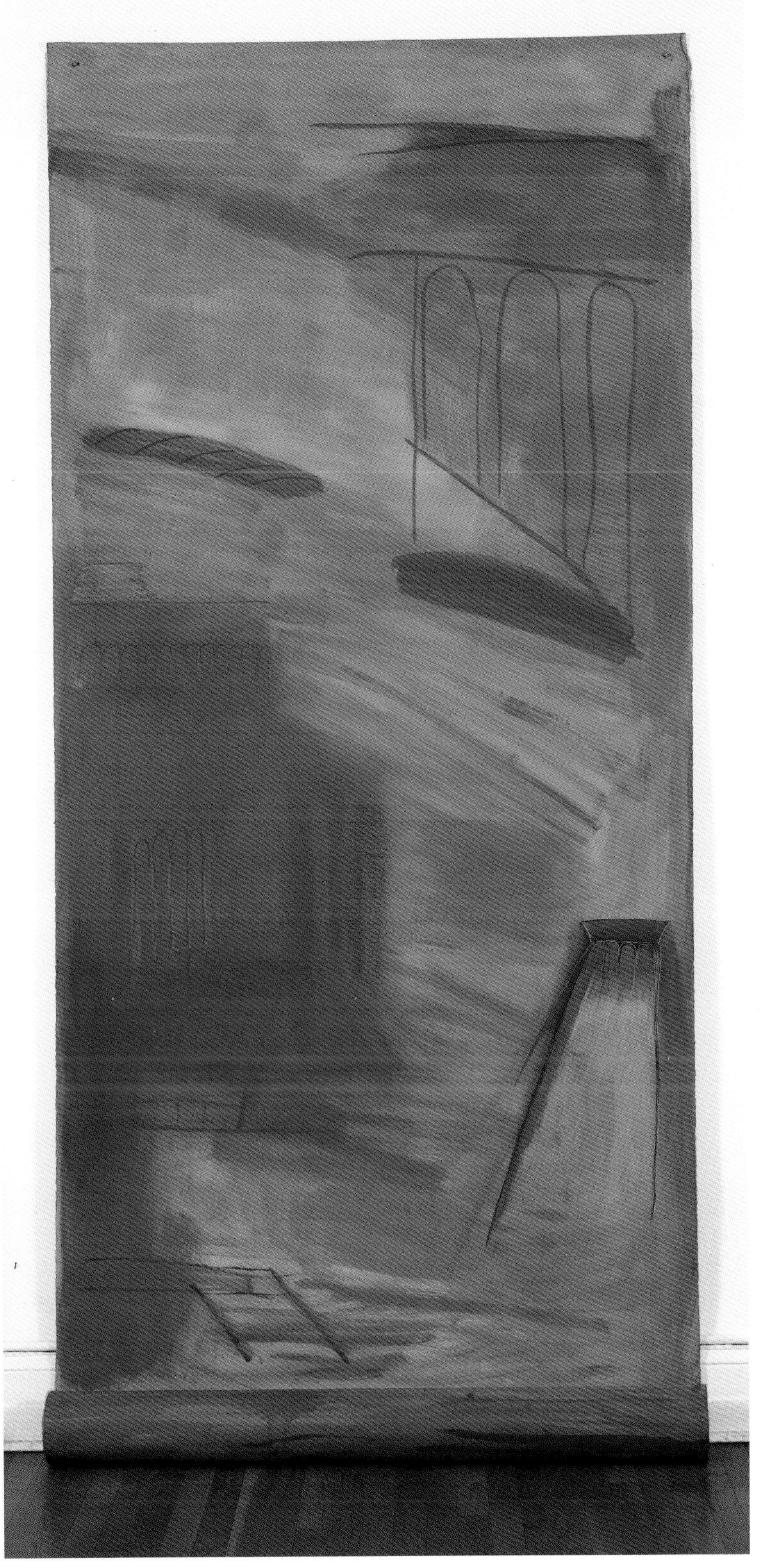

Il colore di Giorgio, 1995
olio su carta / oil on paper
128 x 50 in. / 352 x 127 cm

That Metaphysical Nature of
Drawing, 1979
olio su legno / oil on wood
77 x 48 in. / 195,6 x 122 cm

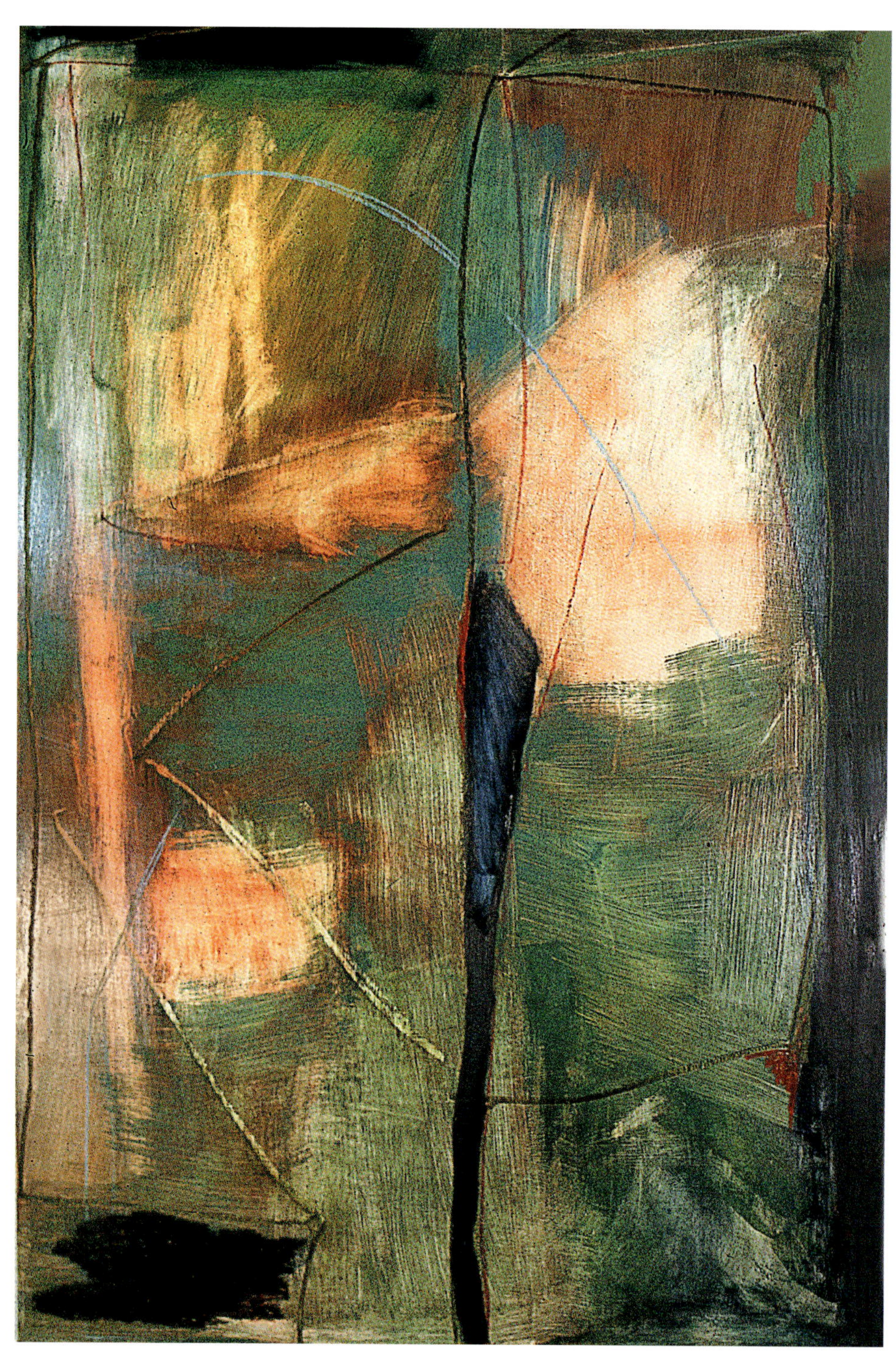

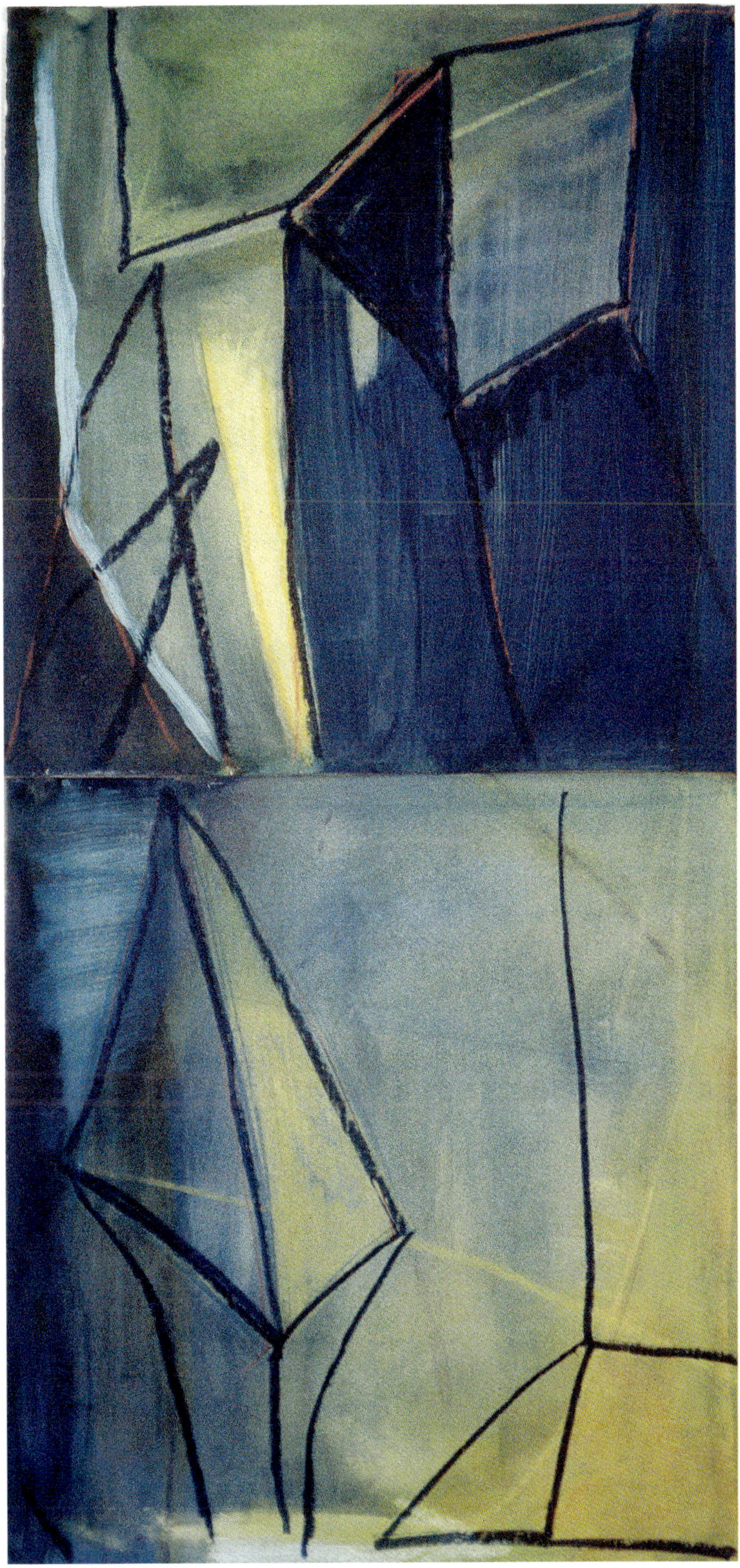

*Architetture fragili
(metafisica)*, 1980
olio su carta / oil on paper
2 pannelli / panels
31 x 30 in / 78,7 x 76,2 cm
ognuno / each

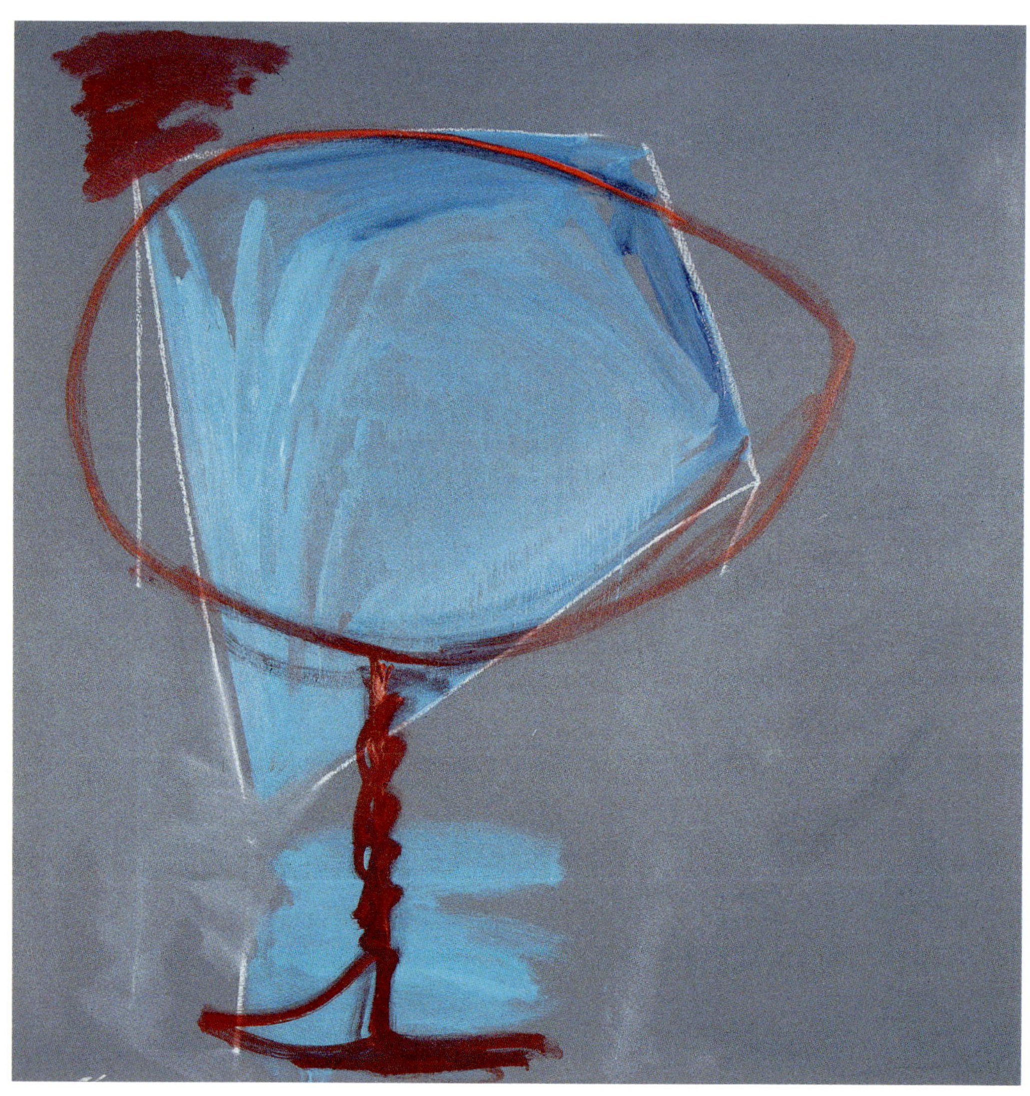

Kleist's Table, 1985
olio su legno / oil on wood
48 x 45 in. / 122 x 114,3 cm

Kierkegaard's Table, 1985
olio su legno / oil on wood
2 pannelli / panels
48 x 45 in. / 122 x 114,3 cm
ognuno / each

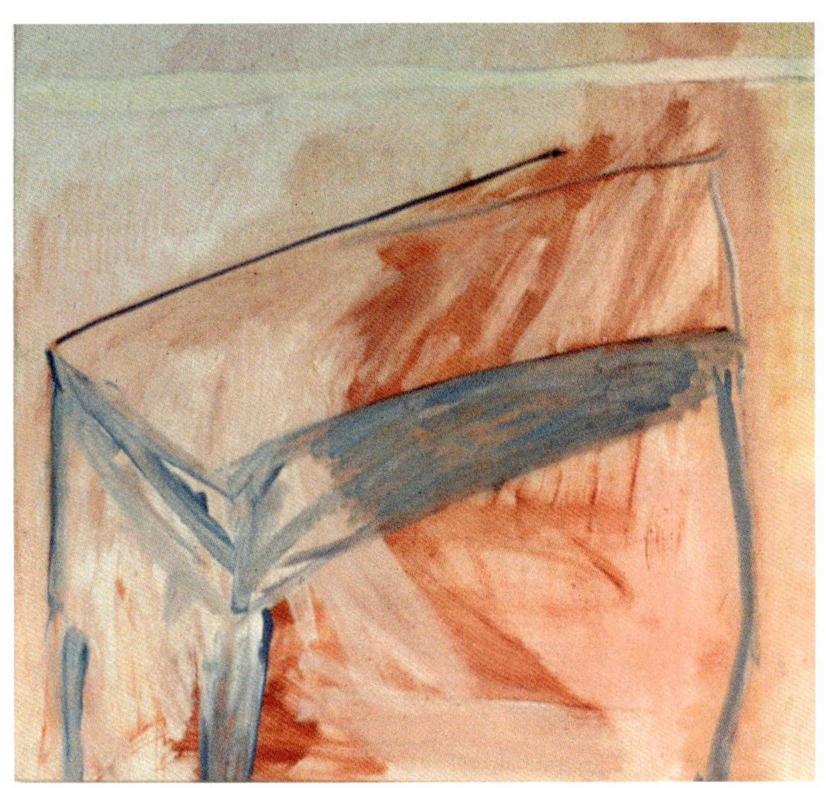

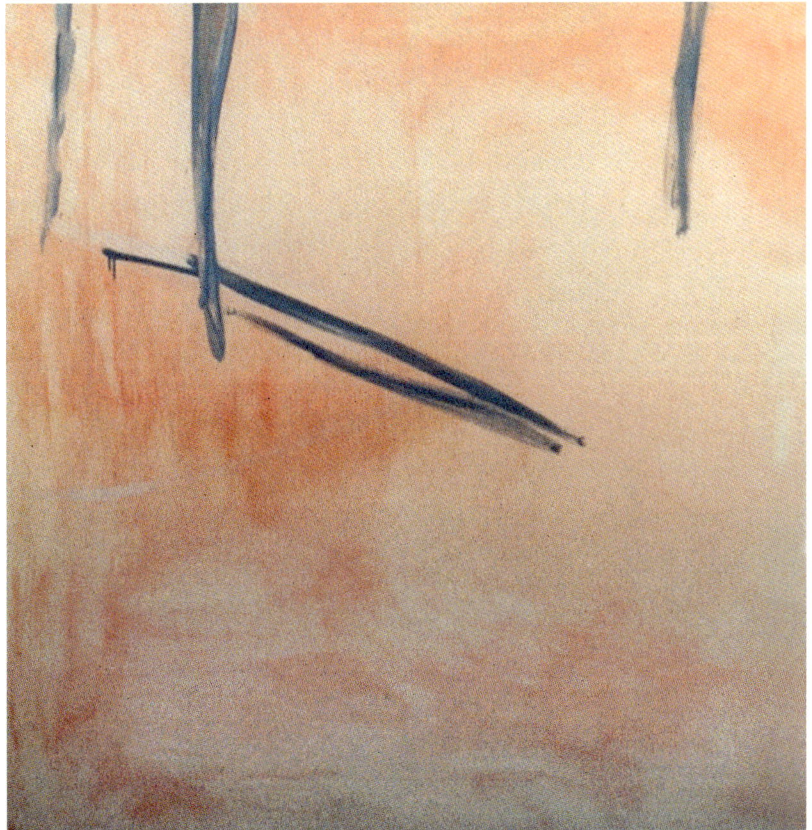

A Game of Chess, 1990
olio su legno / oil on wood
18 x 28.1/2 in./ 22,9 x 35,5 cm

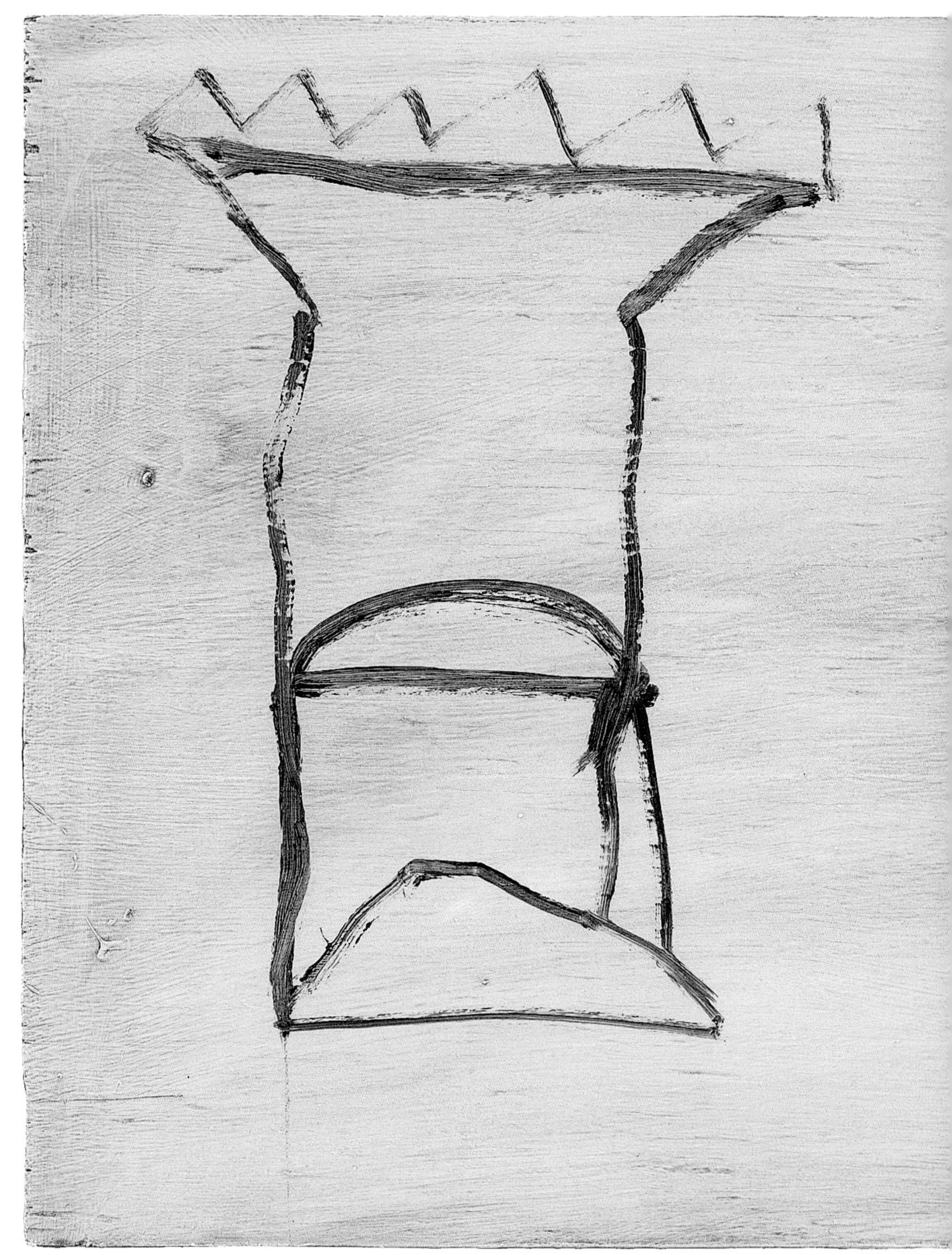

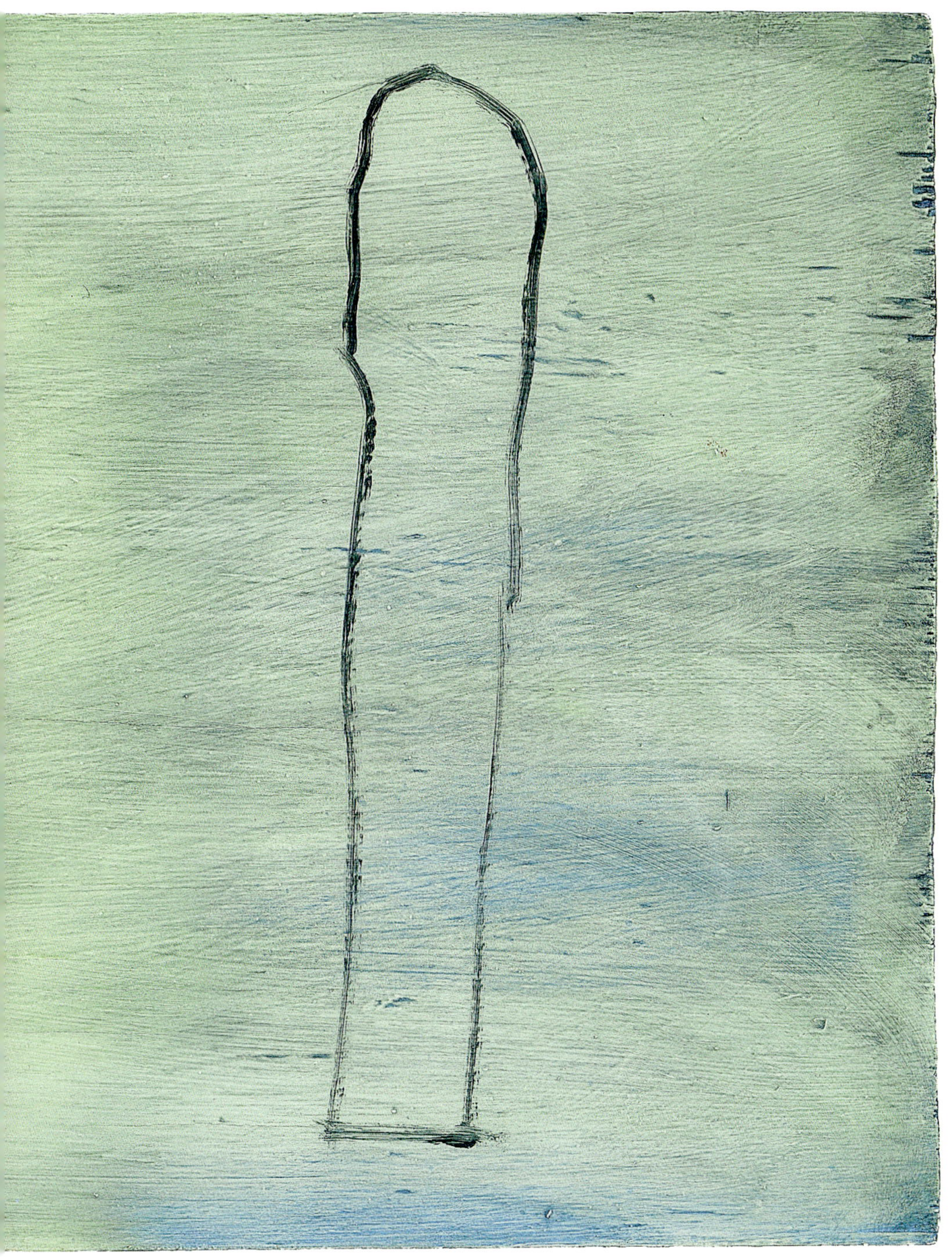

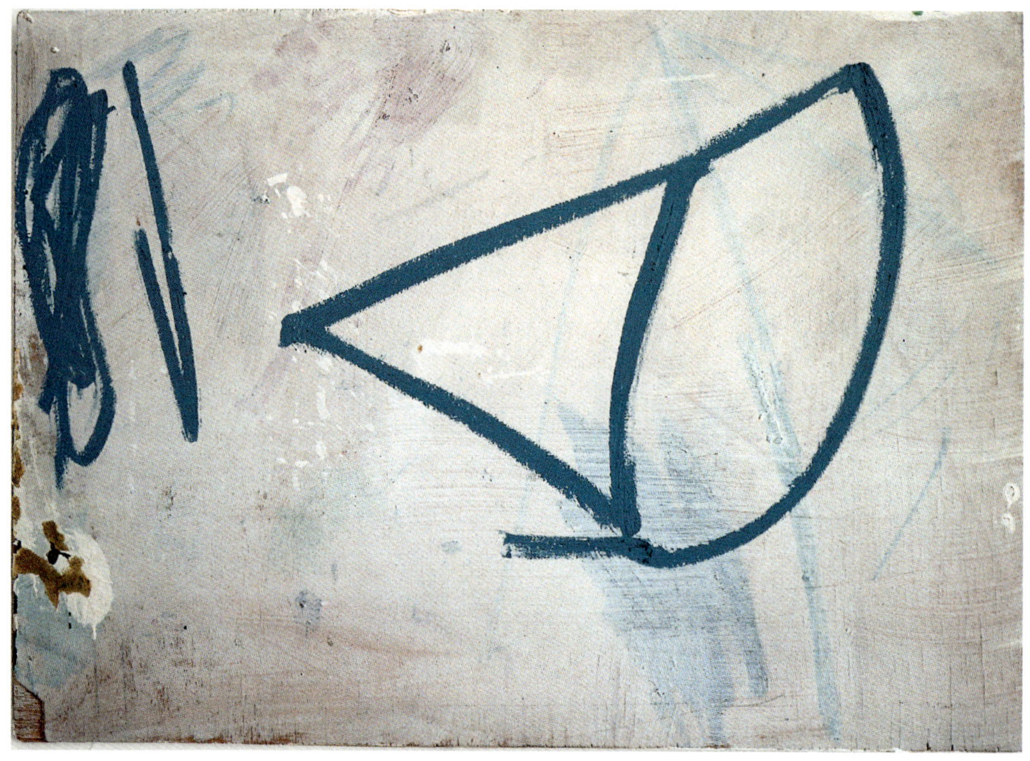

Sound, 1995
gesso, pastello a olio /
gesso, oil pastel
13 x 18 in. / 33 x 45,7 cm

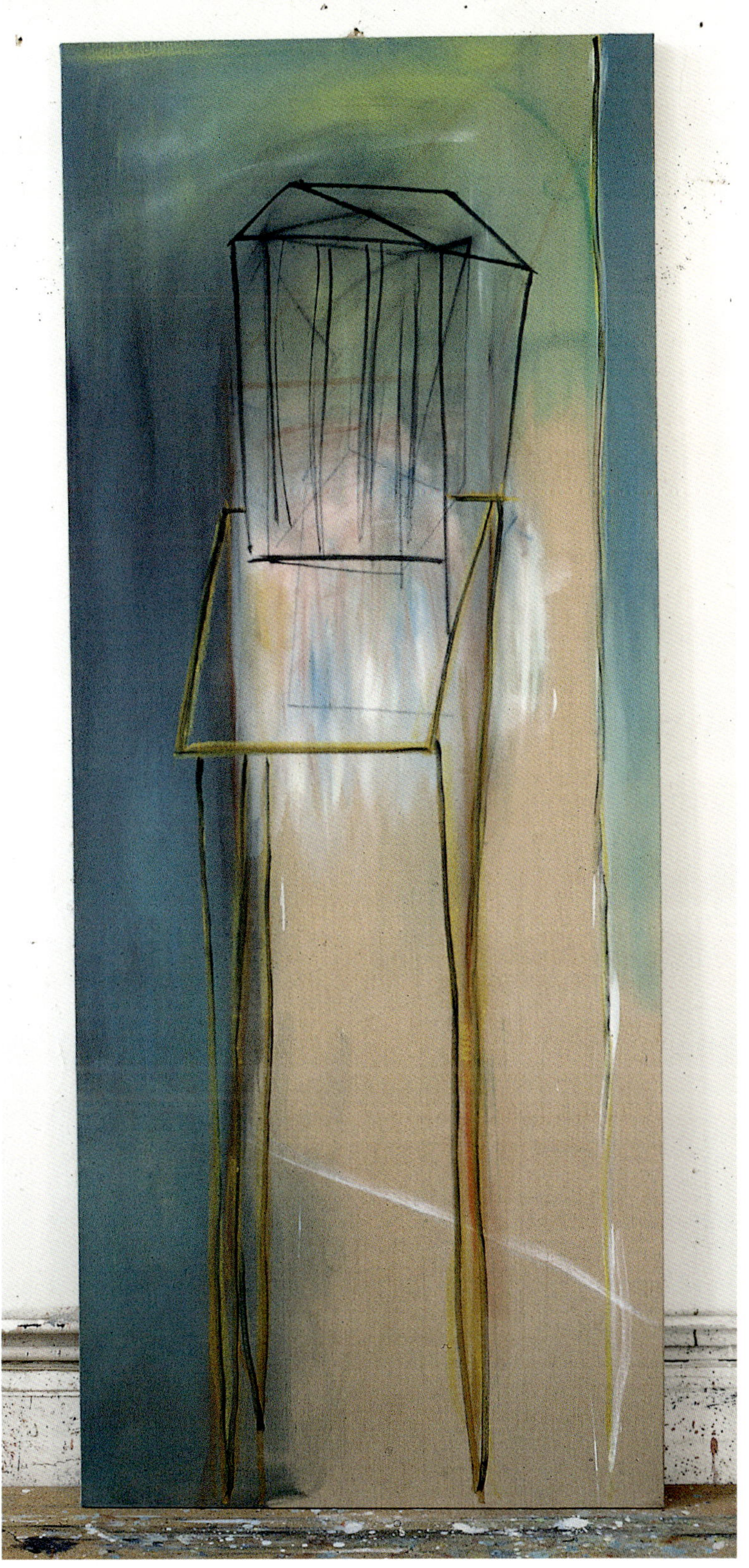

*Between Spleen and
the Ideal*, 1988
olio su tela di lino /
oil on linen
76 x 30 in. / 193 x 76,2 cm

pp. 116-117
Real Cubism, 1993-1995
olio, gesso, tecnica mista
su cartone /oil, gesso,
mixed media on cardboard
dimensioni varie /
various dimensions

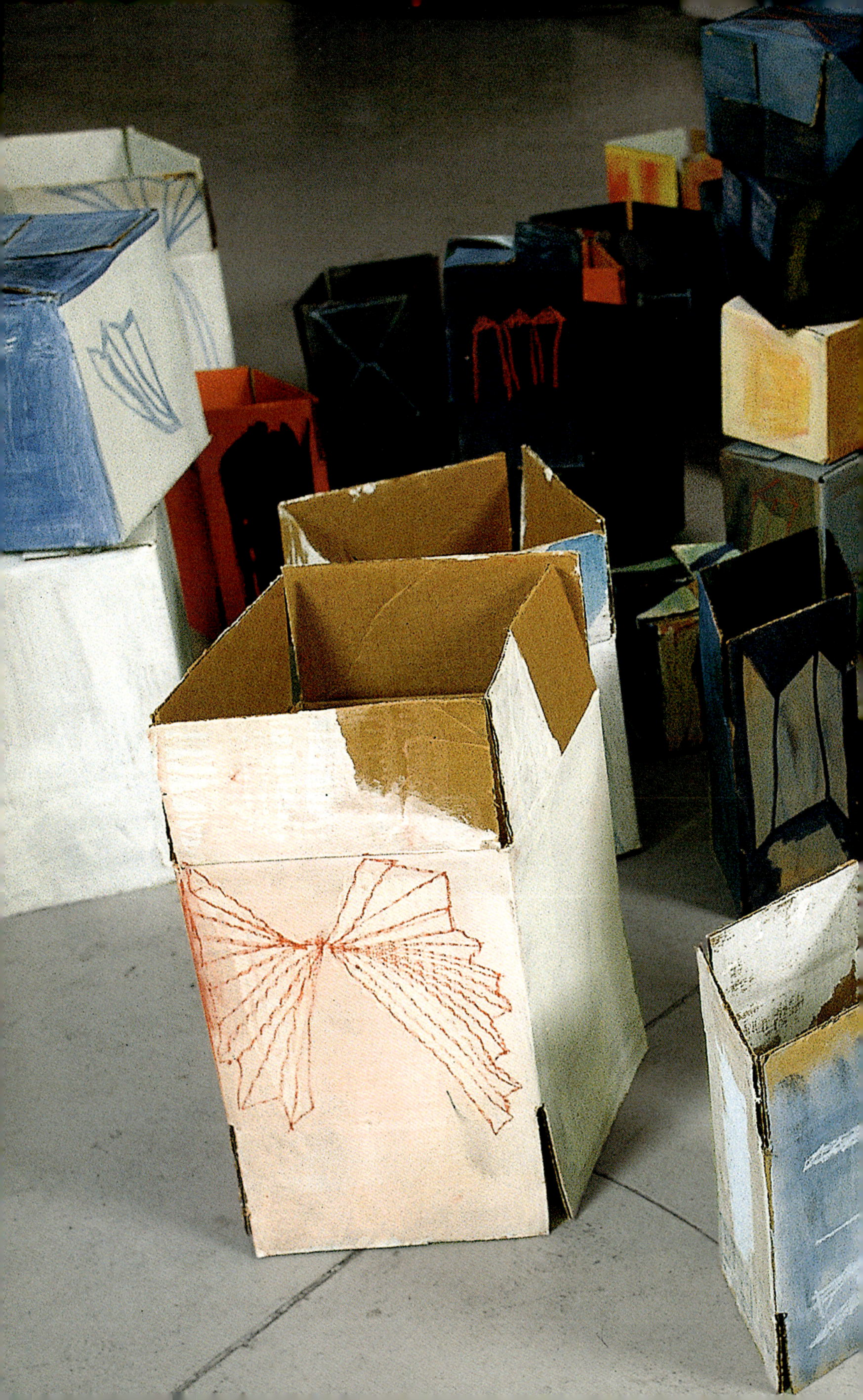

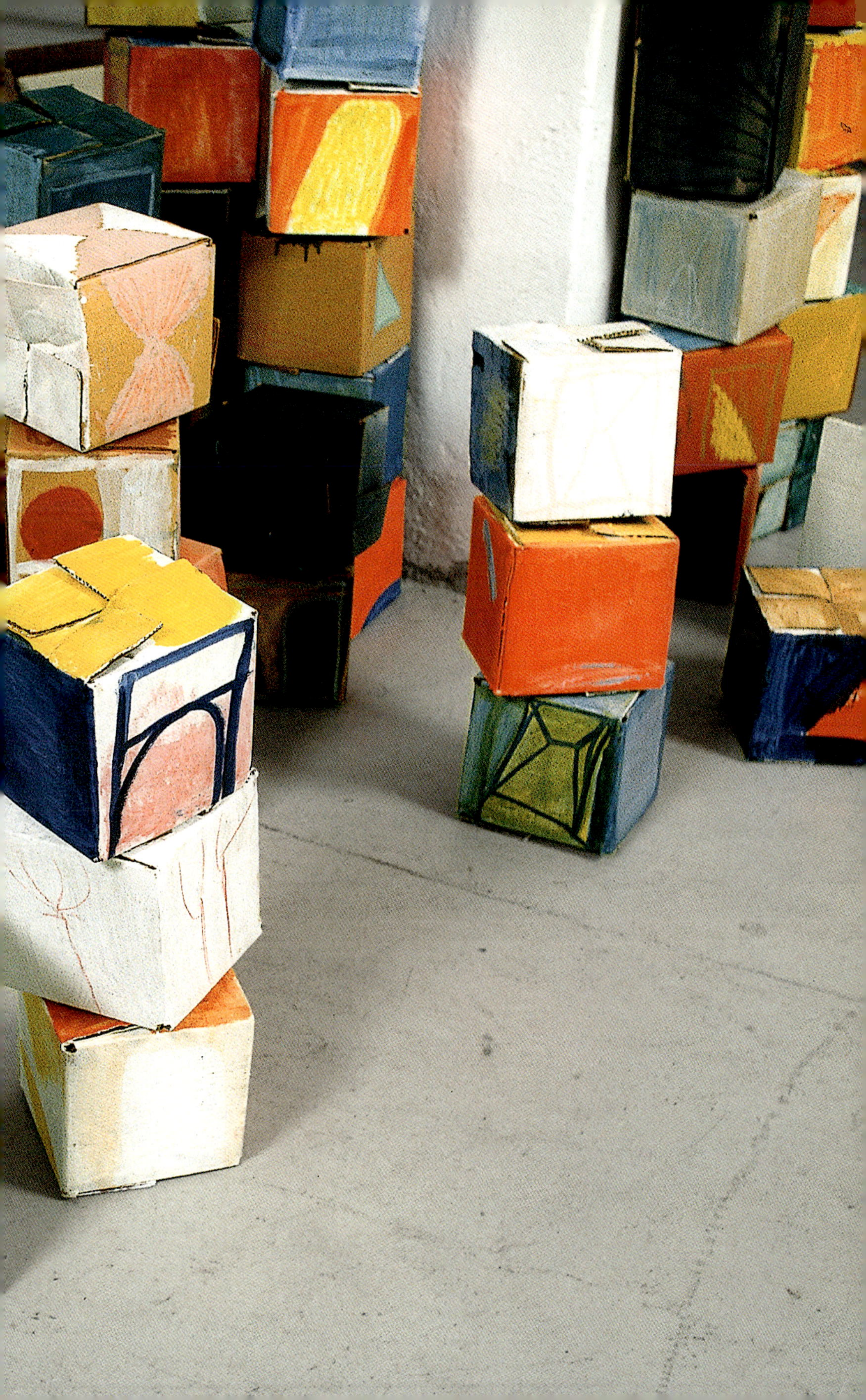

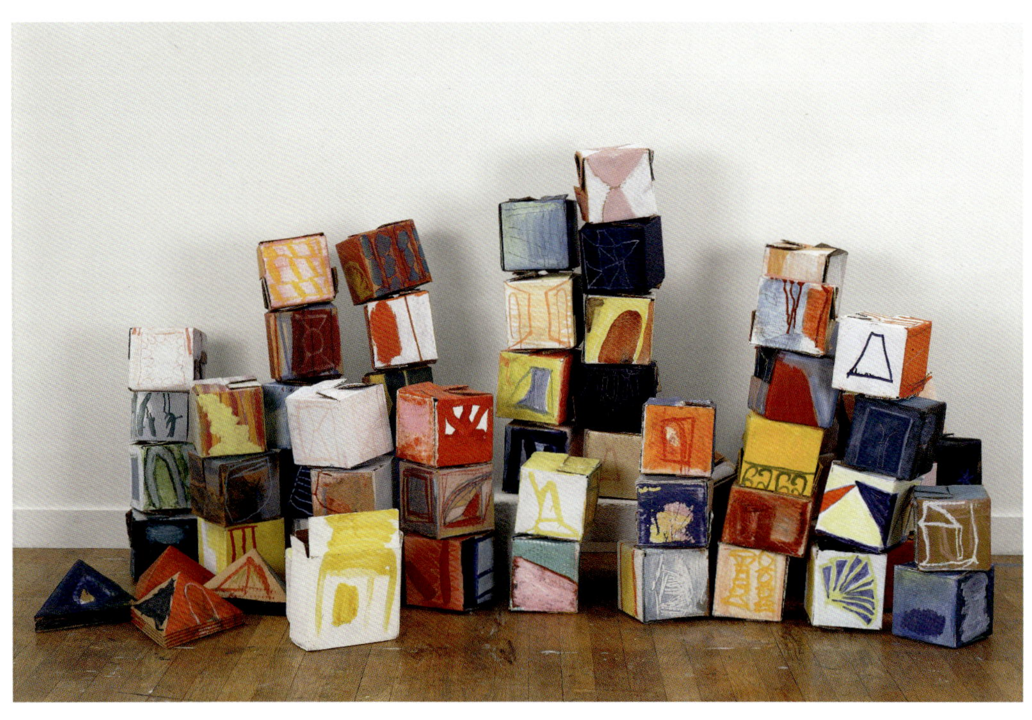

Real Cubism (Home), 1990-1992
tecnica mista su scatole di cartone,
piramidi, ecc. / mixed media
on cardboard boxes, pyramids, etc.
7 x 7.5 x 5.8 x 8 in. /
17,8 x 19 x 14,7 x 20,3 cm

*Boxcase and
Accumulation*, 2000
pittura a olio, gesso,
tecnica mista / oil paint,
gesso, mixed media
3,60 x 6 m ca. / 9,2 x 15,3 cm

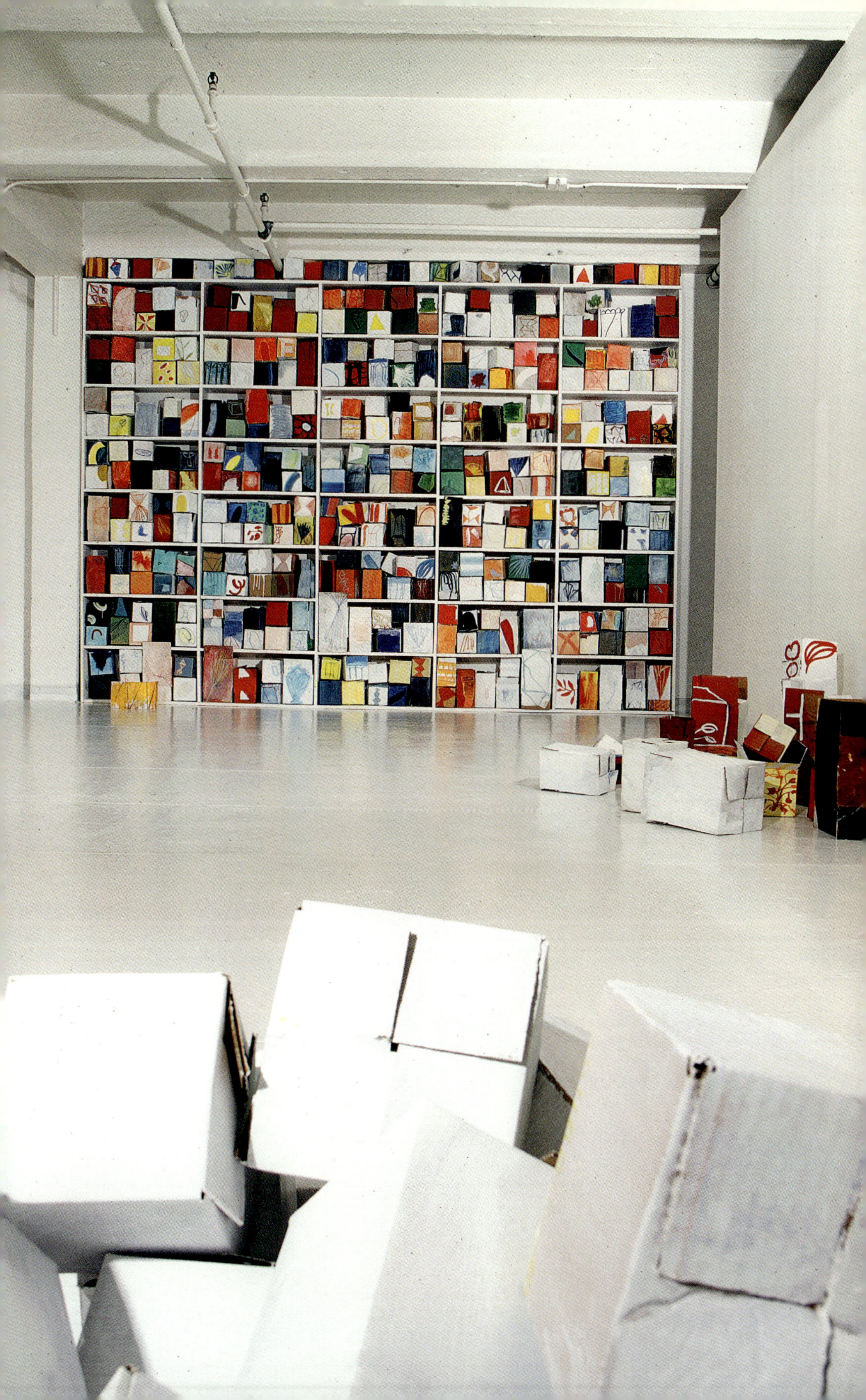

Blue Bronze Box, 2007
bronzo dipinto /
painted bronze
7 x 7 in. / 17,8 x 17,8 cm

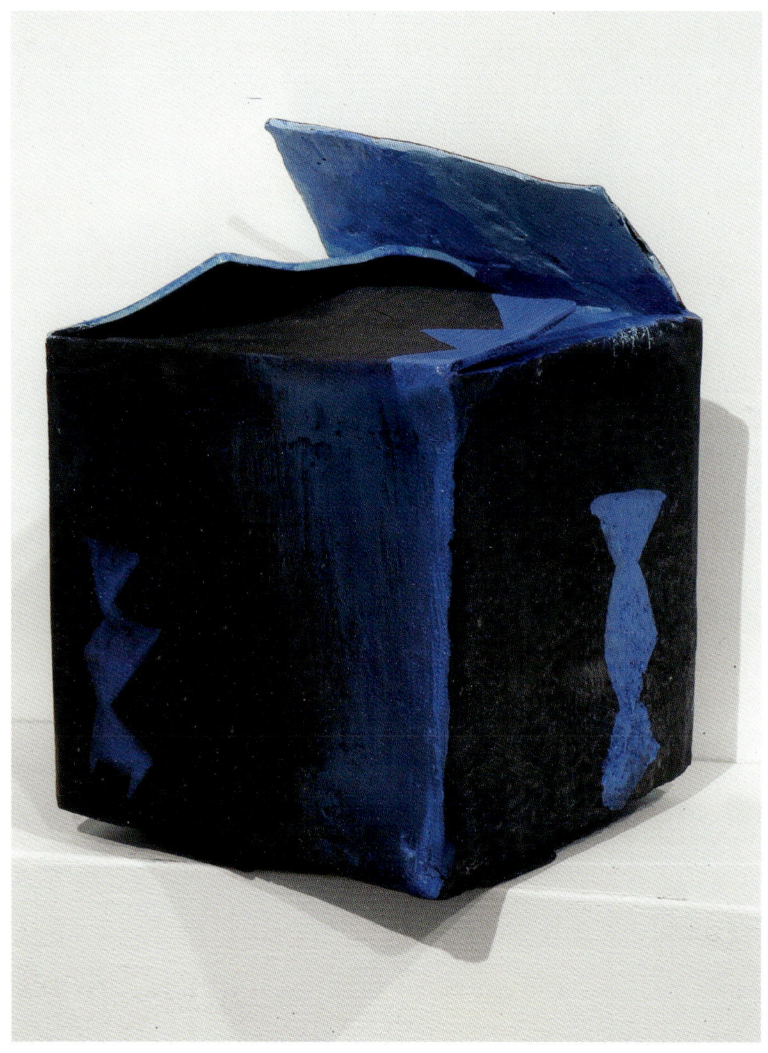

Flat Boxes Series #5, 2007
olio su carta / oil on paper
115 x 42 in. / 292 x 106,7 cm

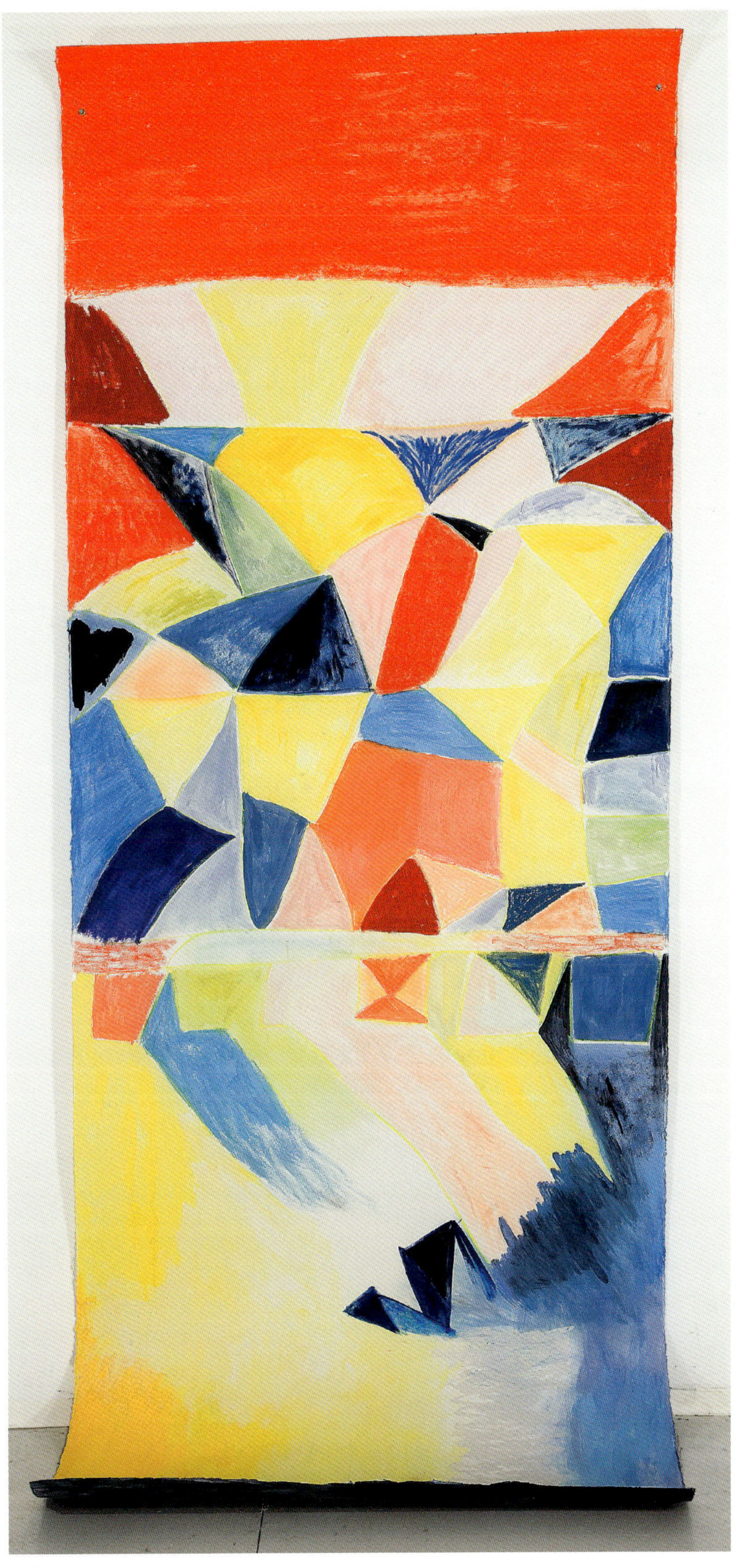

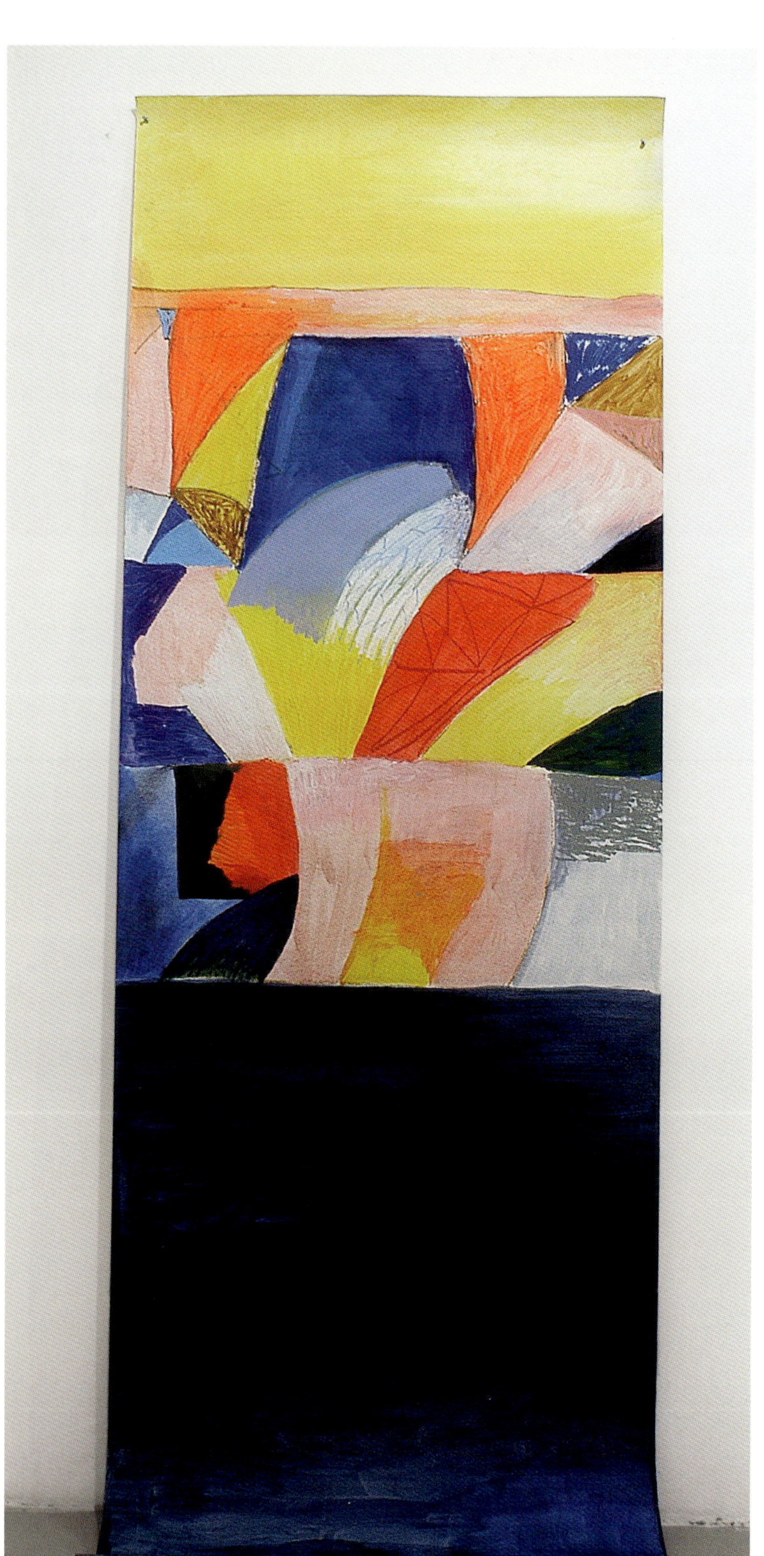

Flat Boxes #7, 2007
olio su carta / oil on paper
115 x 42 in. / 292 x 106,7 cm

Flat Boxes #2, 2007
olio su carta / oil on paper
120 x 42 in. / 305 x 106,7 cm

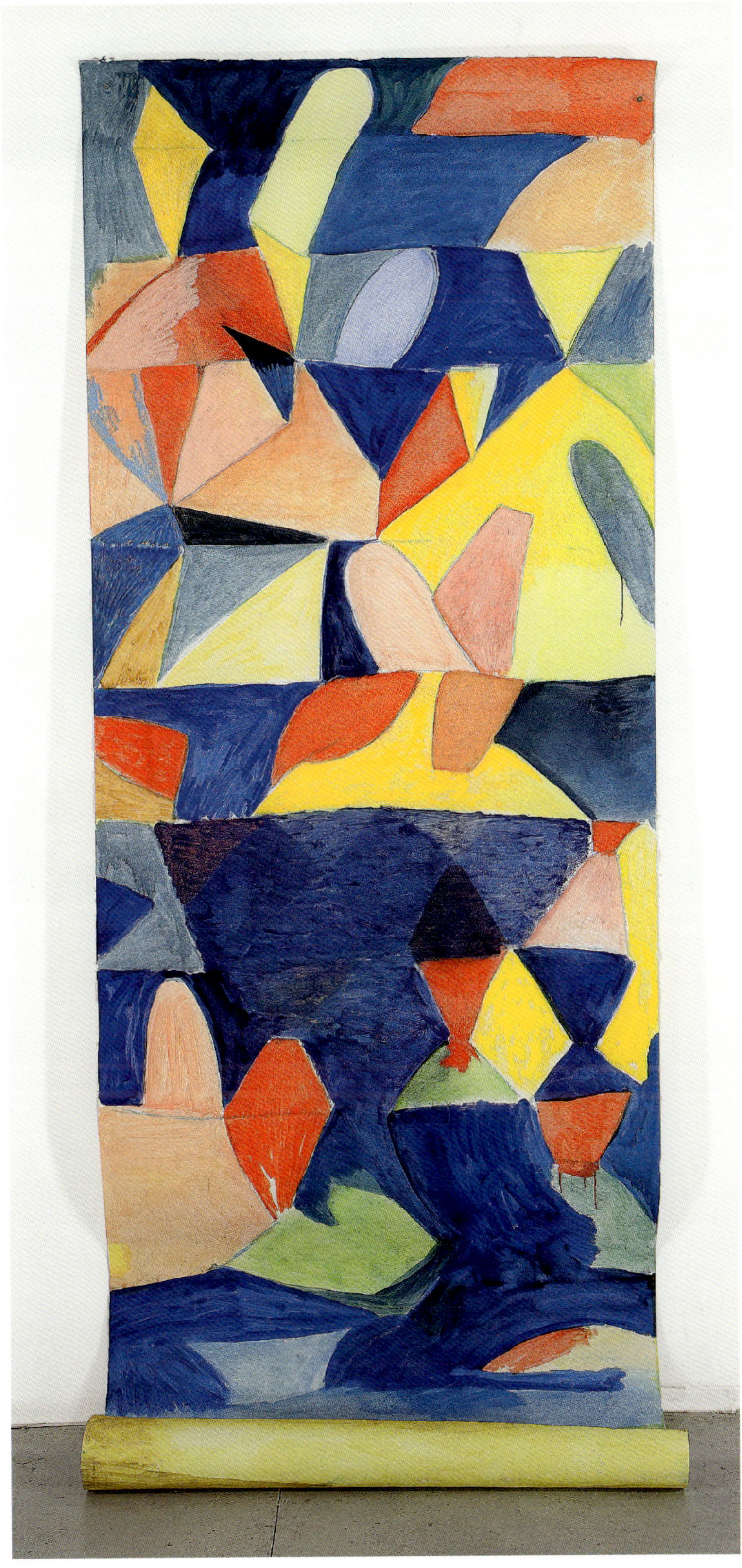

3 Bronze Boxes on the Floor, 2007 - Roma
due scatole di bronzo con patina,
una scatola dipinta con smalto /
two bronze boxes with patina,
one box painted with enamel
8 x 8.7 x 7.5 x 5 in. / 20,3 x 20,3;
17,8 x 17,8; 12,7 x 12,7 cm

*Bronzes and Pyramids
and Chair*, 2004 - Woodstock
scatole di bronzo, piramidi con
patina, pittura / bronze boxes,
pyramids with patina, paint
8 x 8.7 x 7.5 x 5 in. / 20,3 x 20,3;
17,8 x 17,8; 12,7 x 12,7 cm

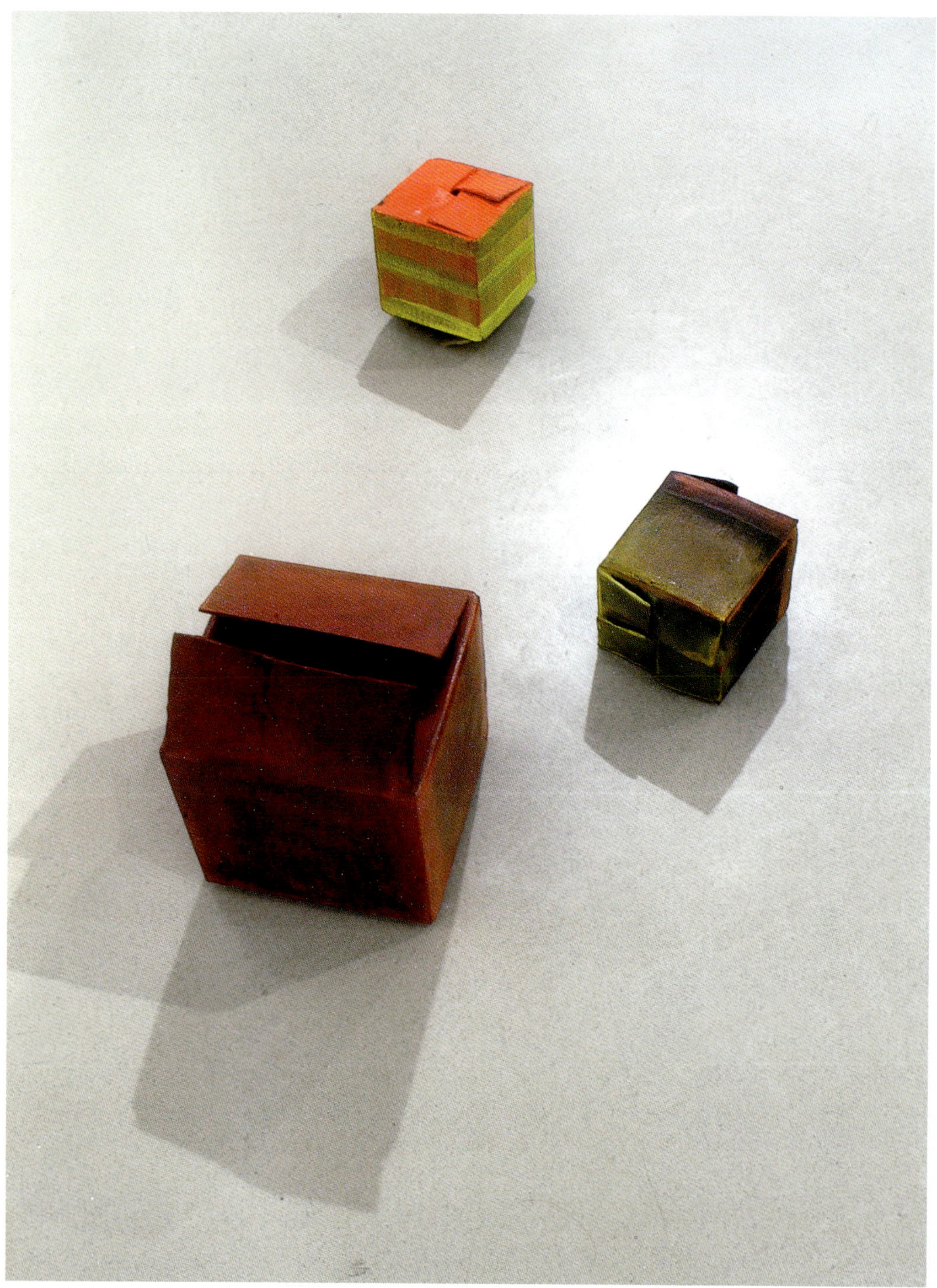

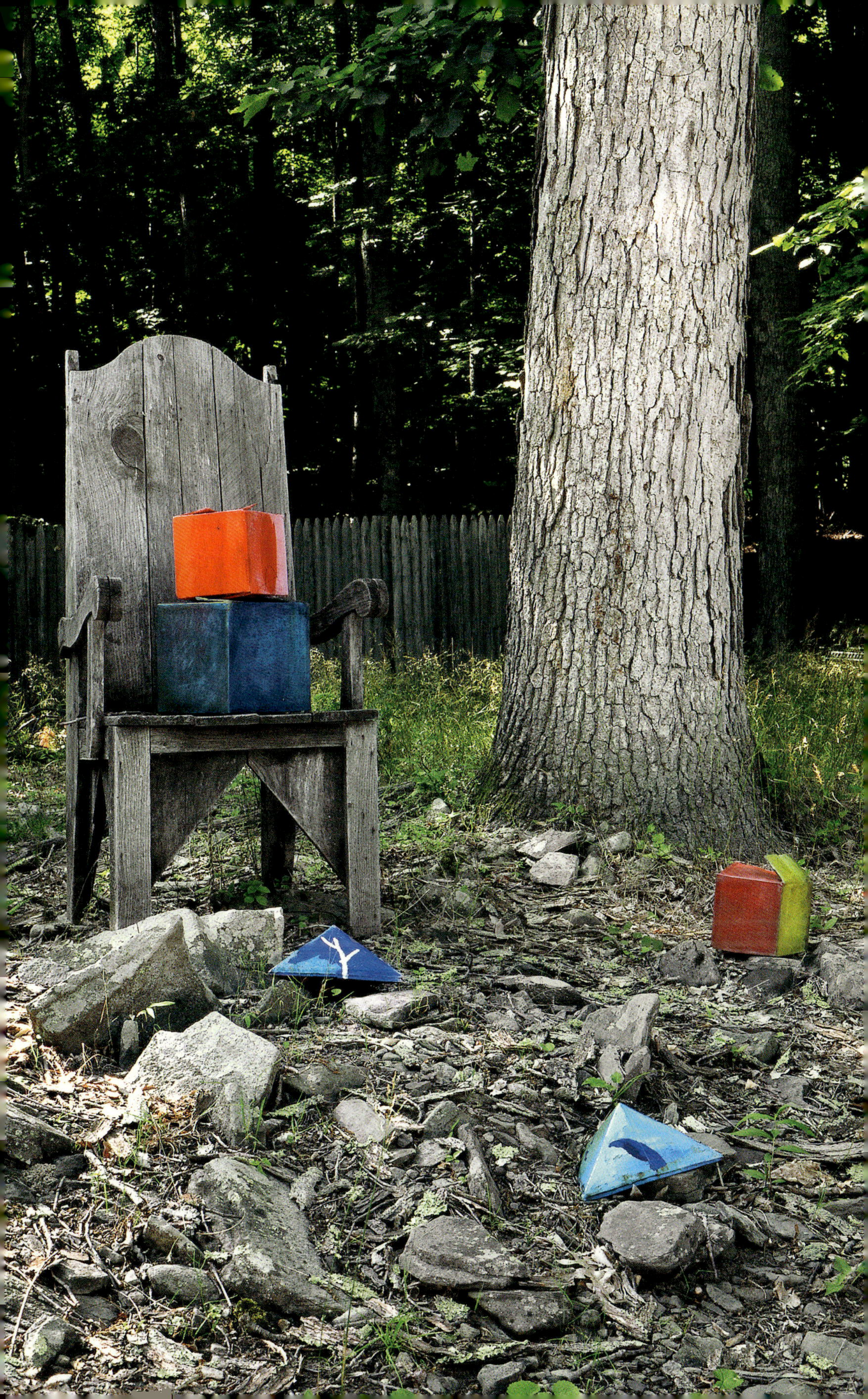

Whimsical, 2002-2003
olio su legno / oil on wood
46 x 48 in. / 117 x 122 cm

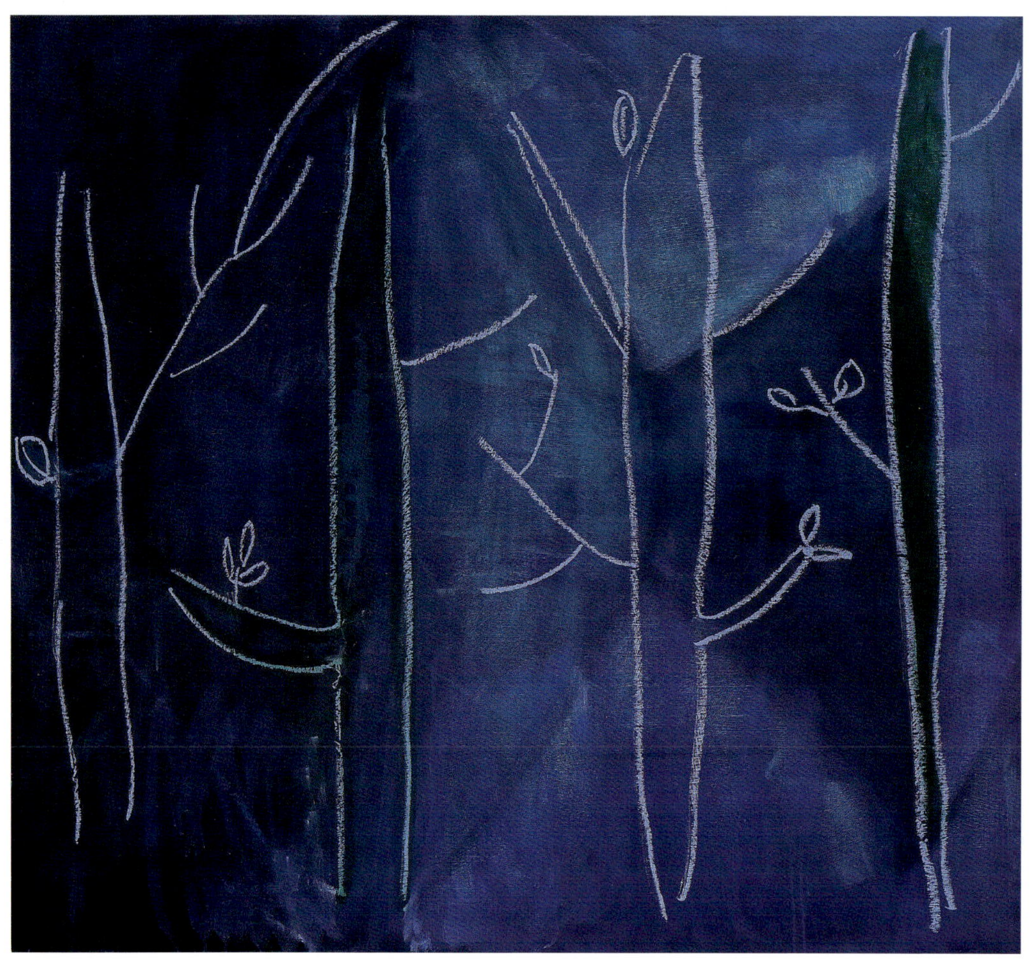

Red Transition, 2002
olio su carta / oil on paper
70 x 42 in. / 177,8 x 106,7 cm

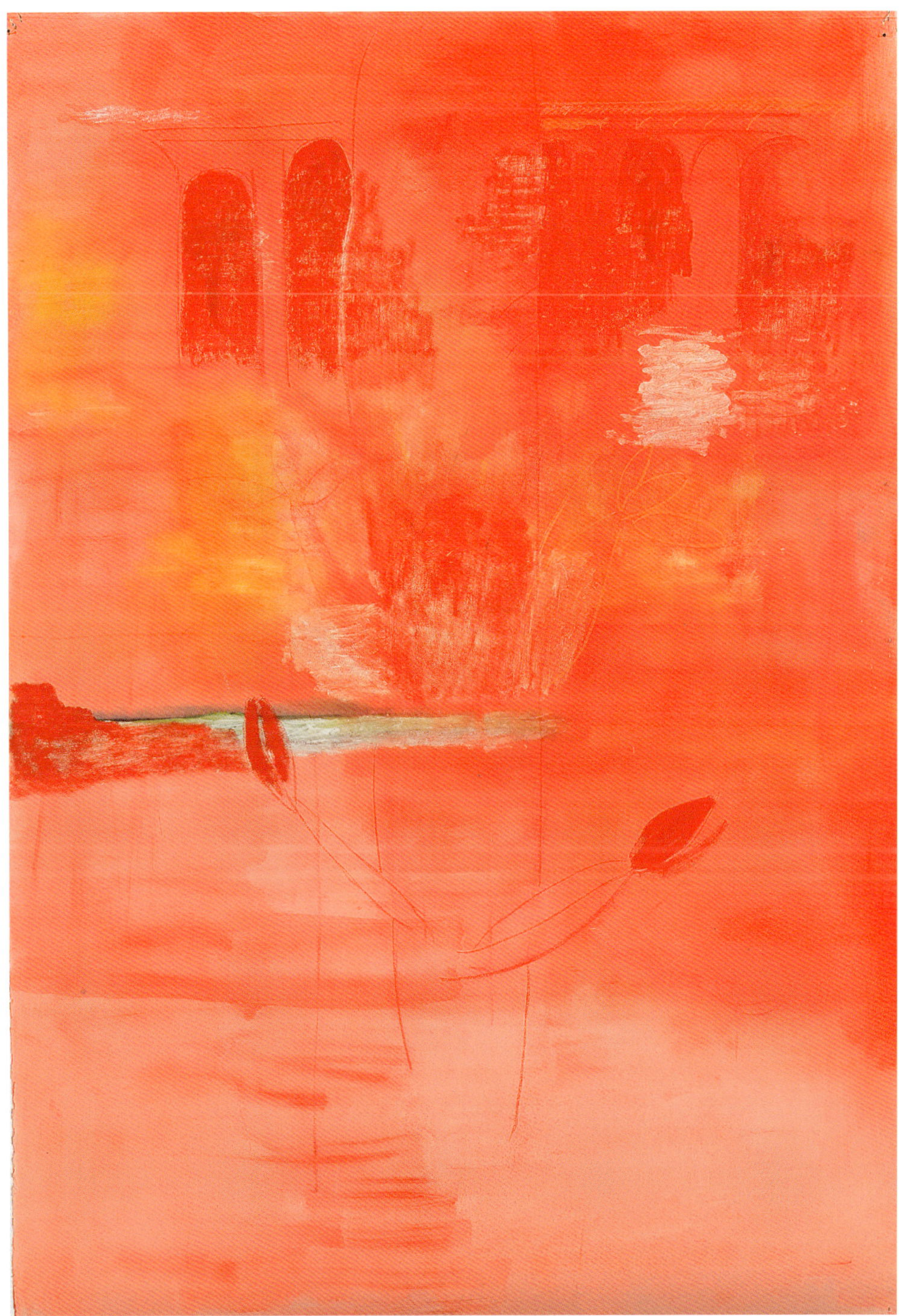

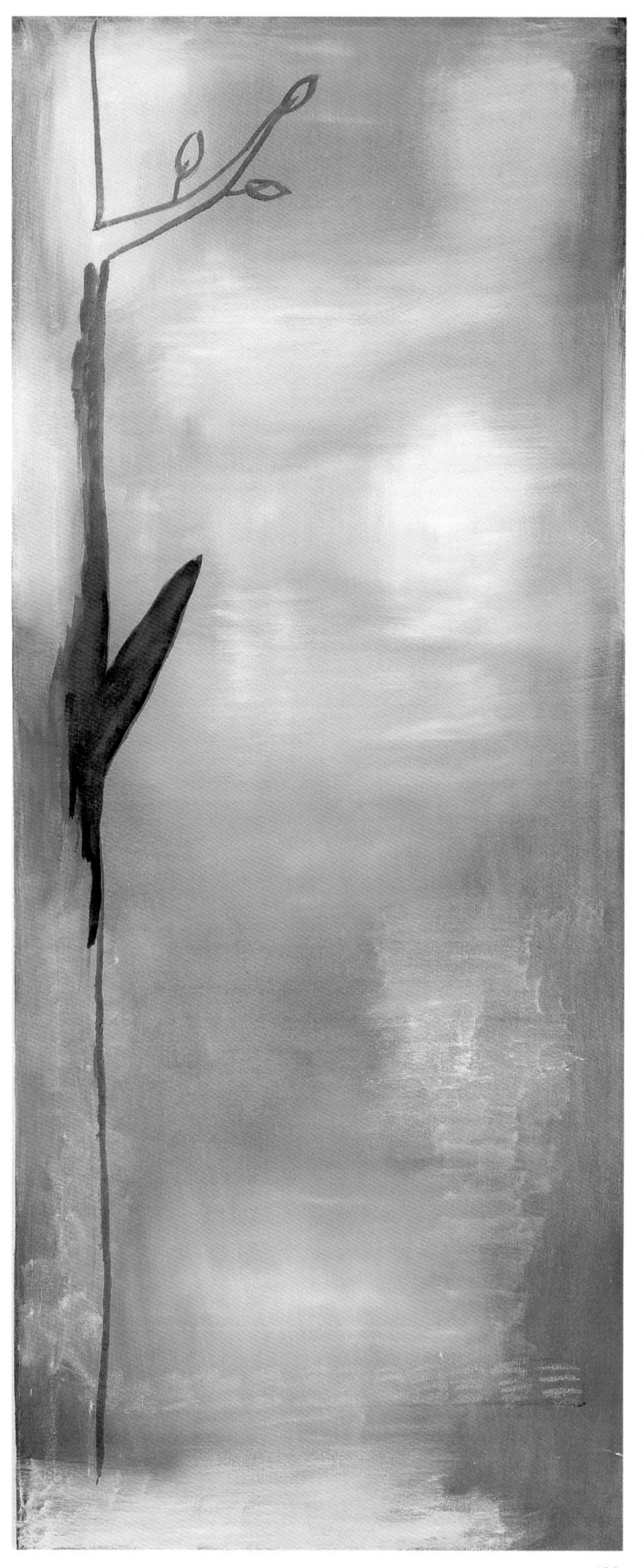

Spring, 2005
olio su tela di lino /
oil on linen
76 x 30 in. / 193 x 76,2 cm

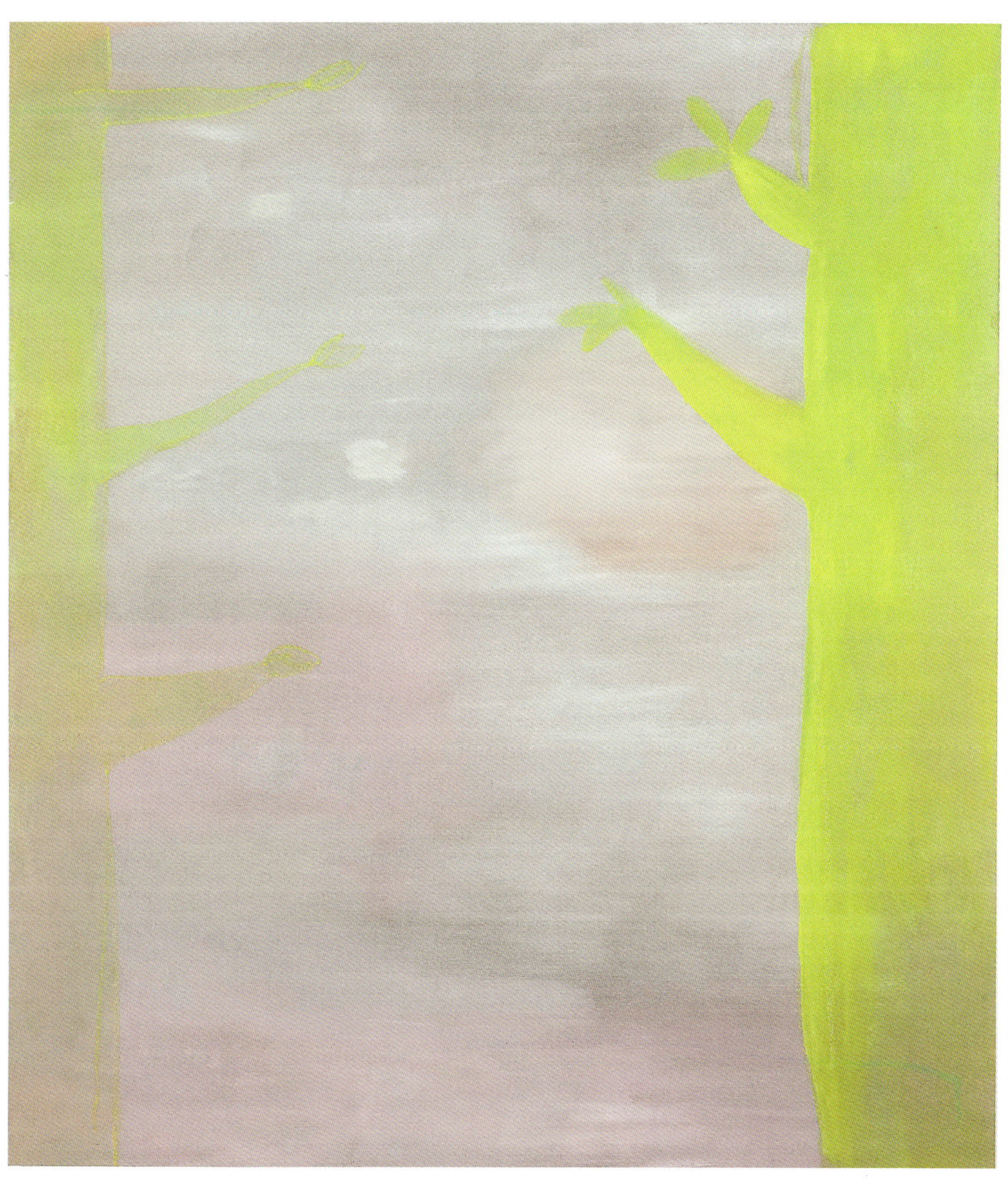

A Much Distant Dialogue, 2004
olio su tela di lino / oil on linen
68 x 58 in. / 172,7 x 147,3 cm

Elsewhere, 2004
olio, pastello a olio su tela di
lino / oil, oil pastel on linen
31 x 20 in. / 78,7 x 50,8 cm

Gates, 1993
olio su carta / oil on paper
120 x 42 in. / 305 x 106,7 cm

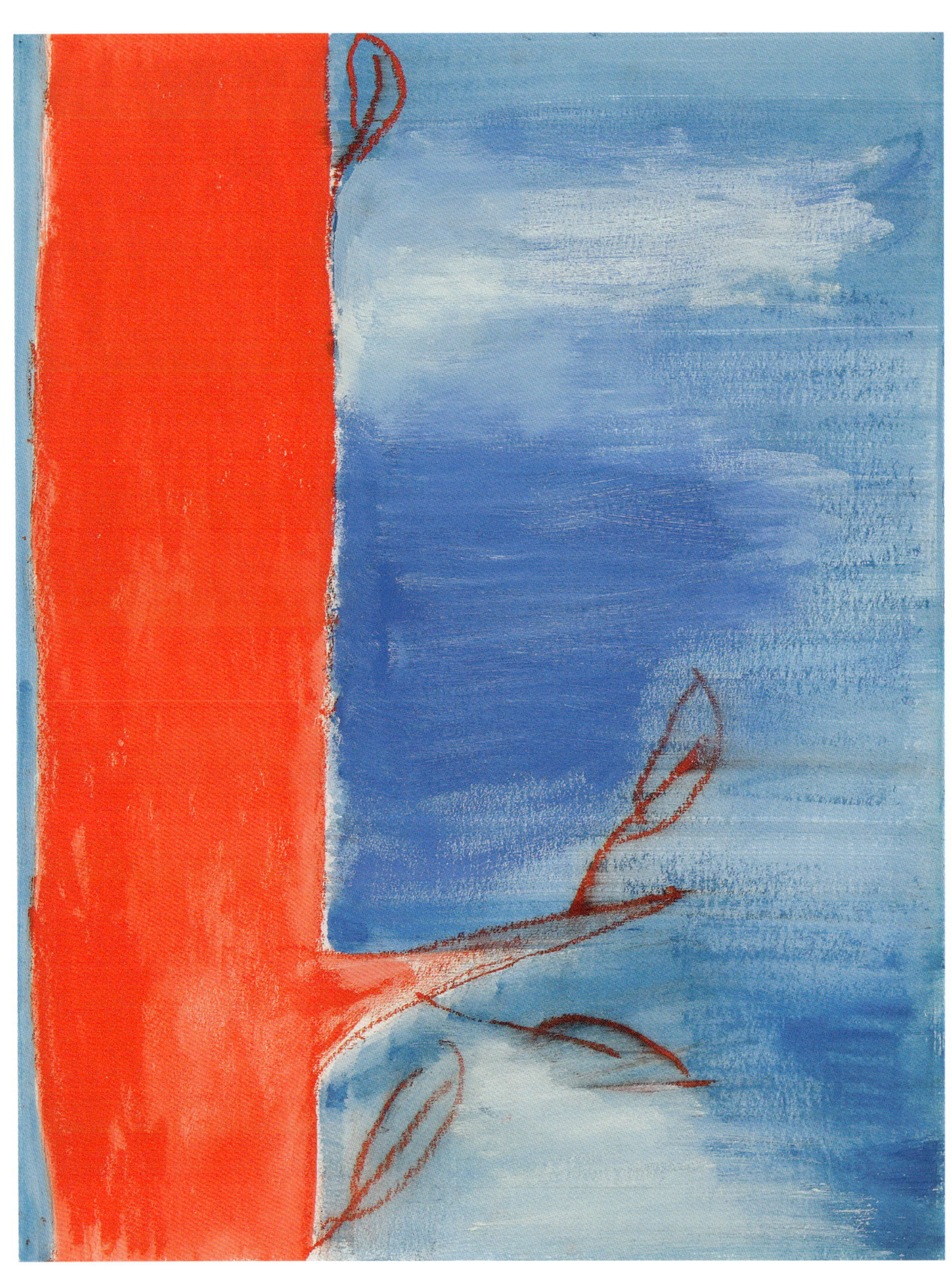

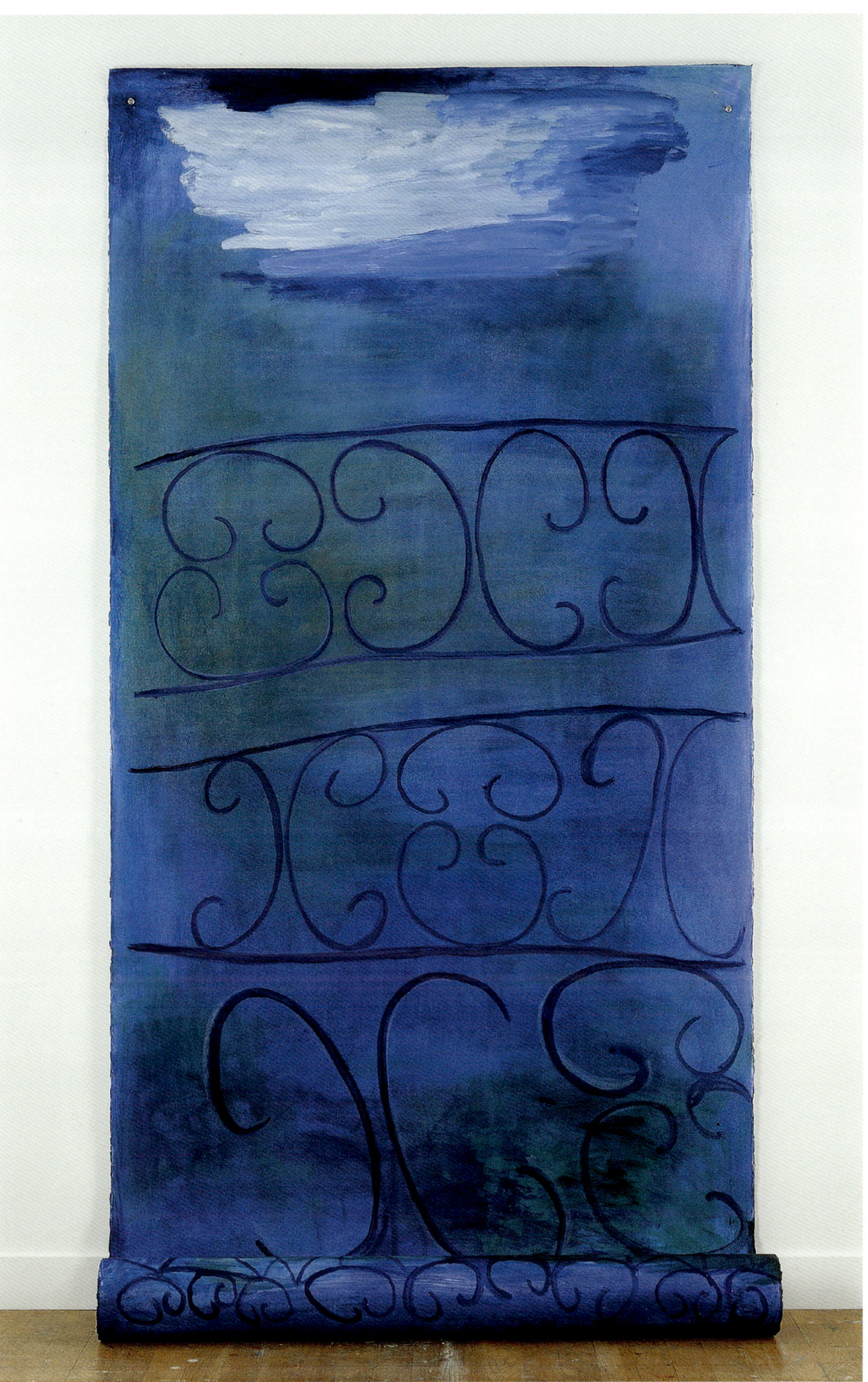

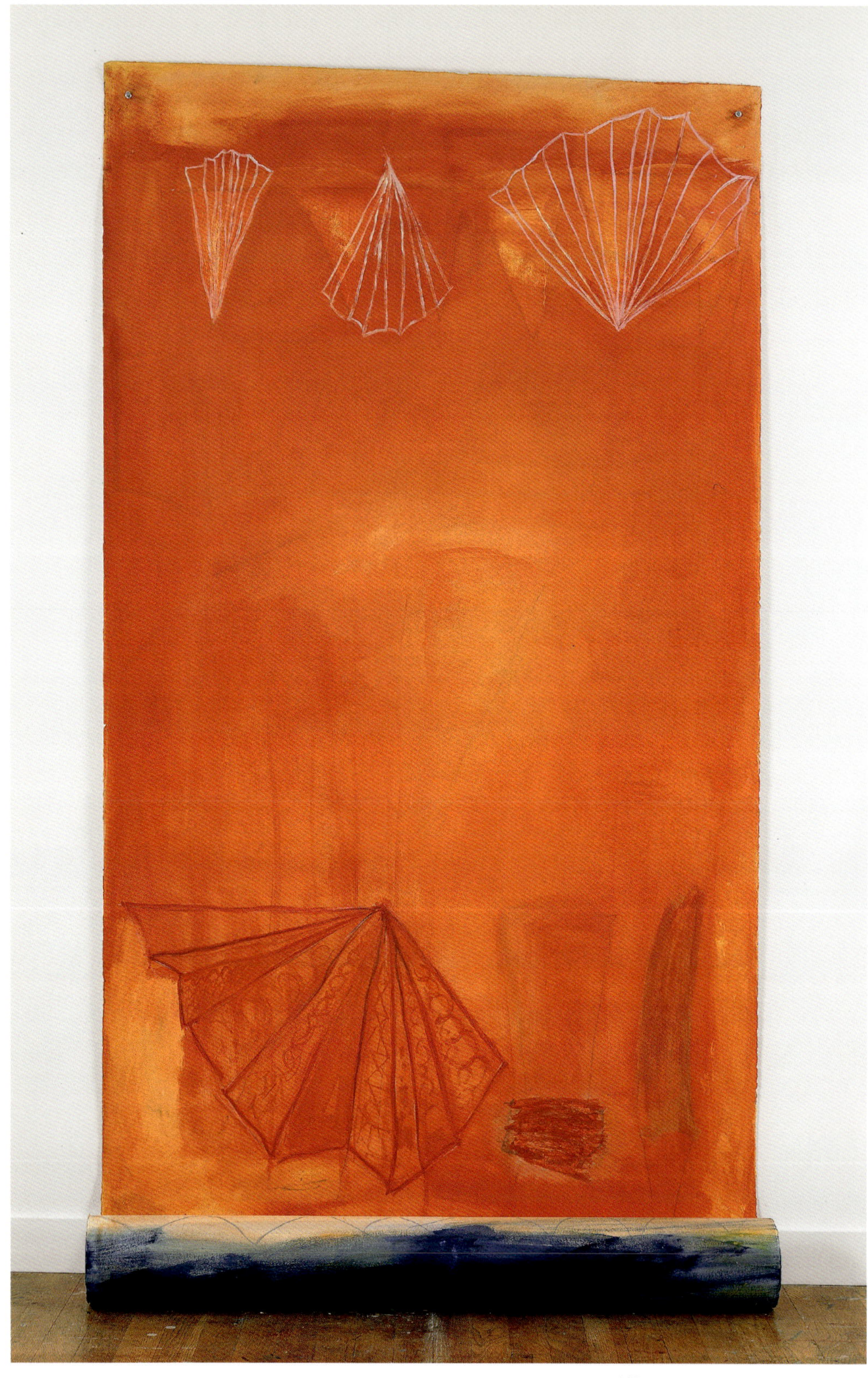

Red Scroll, 1994
olio su carta / oil on paper
120 x 42 in. / 305 x 106,7 cm

Mysterious Fragments, 1996
olio su carta / oil on paper
115 x 42 in. / 292 x 106,7 cm

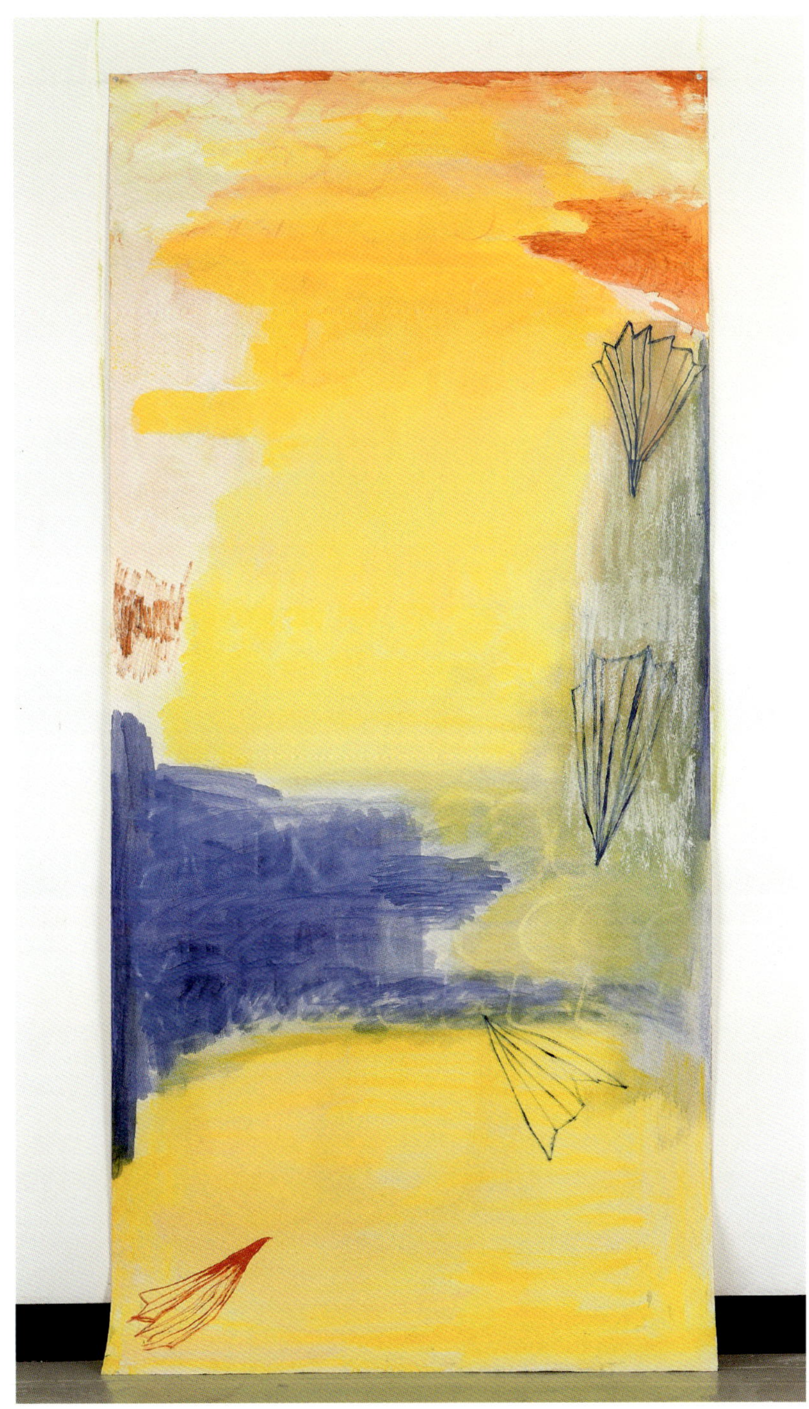

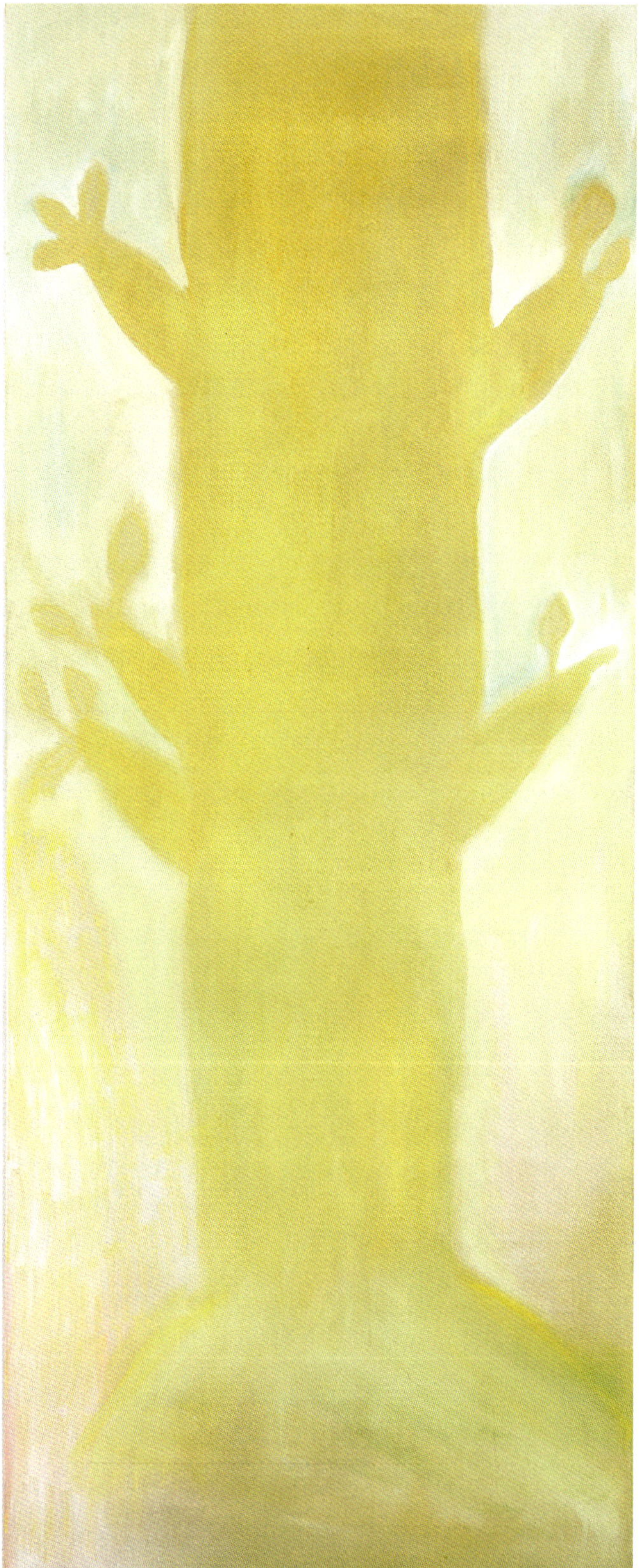

Not Quiet Grounded, 2004
olio su lino / oil on linen
76 x 30 in. / 193 x 76,2 cm

Stratificazioni, 1974
olio su tela di lino /
oil on linen
72 x 50 in. / 183 x 127 cm

135

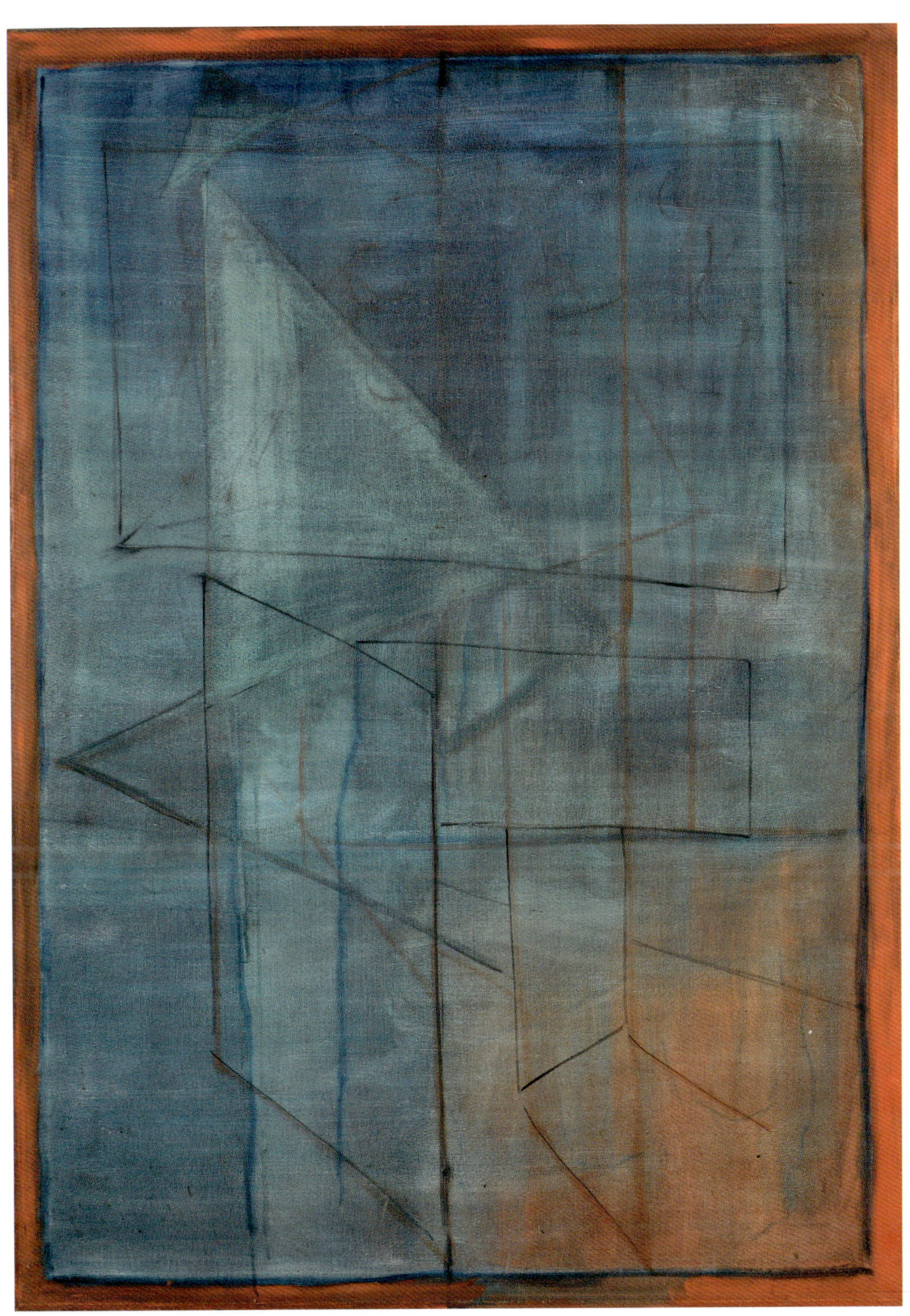

Apparati / Appendix

Nasce a Vicenza, Italia, nel 1945 / Born in
Vicenza, Italy, in 1945.
Vive e lavora a New York / Currently lives
and works in New York City.

1979
Diploma di laurea in Belle Arti (BFA) /
Bachelor of Fine Arts, School of Visual
Arts, New York, NY

1979-1988
Curatrice della / Curator at the Parallel
Window, New York

1980
Consulente artistica, disegnatrice di set
teatrali e costumi in tre produzioni per il
teatro La Mama E.T.C. e il Summer
Lincoln Center Out Door Festival / Artist
Consultant, Costume and Set Designer at
La Mama E.T.C. in three productions and
at Summer Lincoln Center Out Door
Festival

1994
Visiting Artist per il "Master in Studio Art",
New York University, Venezia / Visiting
Artist at New York University Summer
Program "Master in Studio Art", Venice,
Italy

1999
Nominata per la / nomination to the
Richard Diebenkorn Fellowship, San
Francisco, California

Mostre selezionate / Select Exhibitions

Personali / Solo

2007
"Divagazioni", Studio Stefania Miscetti,
Roma

2004
"Tutto è foglia", Studio Stefania Miscetti,
Roma

2003
Bergdorf Goodman, New York.
Installazione a cura di / installation
curated by Marina Urbach

2000
Kouros Gallery, New York
"Other Projects", Marina Urbach, New York

1998
"Noumenon", Small Works Gallery, Las Vegas

1997
Studio Stefania Miscetti, Roma

1995
"Pezzi Musicali", Studio Stefania Miscetti,
Roma

1994
Casa Italiana Zerilli-Marimò, New York
University, New York

1992
Studio Cristofori, Bologna
Galleria Ponte Pietra, Verona

1989
"Fragili Architetture – Architetture
Fragili", Studio E, Roma

1987
Marina Urbach Gallery, New York

1986
Galleria Il Cavallino, Venezia

1985
Studio E, Roma
Limbo Gallery, New York

1982
Atlantic Gallery, New York

1981
Galleria 2000, Bologna

Collettive / Group

2009
"A Bartolo", DART Chiostro del Bramante,
Roma. A cura di / curated by Achille
Bonito Oliva

2007
"Paths: Real and Imagined", Byrdcliffe
Guild, Woodstock, N.Y. A cura di / curated
by Nancy Azara
"Non Objectif Sud", Gary Snyder Fine Art,
New York

2006
"Manuela Filiaci e Hitoshi Nakazato",
NYCoo Gallery, New York
"Non Objectif Sud", La Barraliere,
Toulette, Francia / France

2005
A.I.R. Gallery, New York

2004
"Wish You Were Here", A.I.R. Gallery,
New York
"Solitari cantori dell'utopia", Casa del
Libro Antico, Lamezia Terme. A cura di /
curated by Teodolinda Coltellaro

2003
"Byrdcliffe Outdoor Exhibition", Byrdcliffe
Guild, Woodstock, N.Y. A cura di / curated
by Nancy Azara

2001
"A Shriek from an Invisible Box", Meguro
Museum of Art, Tokyo, Giappone/ Japan.
A cura di / curated by Mashiko

2000
"Looking Back, Looking Forward", Kouros
Gallery, New York

Studio Cristofori, Bologna
"Anableps", Studio Stefania Miscetti, Roma.
A cura di / curated by Mario De Candia
"A Survey of Women Artists at the
Millennium", A.I.R. Gallery, New York.

1999
Kouros Gallery, New York

1997
"Connections and Disconnections", Nuova
Icona, Venezia. A cura di / curated by
Karole Vail
"Ordinary and Extraordinary", Wood Street
Gallery, Chicago

1996
"25th Anniversary: 25 Artists", John Weber
Gallery, New York
"Collezionismo a Torino", Castello di
Rivoli, Museo d'Arte Contemporanea,
Torino. A cura di / curated by
Ida Giannelli

1995
Lietuvos AIDO Gallerija, Vilnius, Lituania
Museo Civico di Taverna

1994
"Gumusluk Art Festival", Eklisia, Brodrum,
Turchia / Turkey. A cura di / curated by
Gabriella Cardazzo
"To Enchant (Blue)", C. McCalliver
Gallery, New York. A cura di / curated by
Michael Walls
"Art into Architecture", Tribeca 148, New
York. A cura di / curated by Mary Judge
"Boxes", Ken Gallery, New York

1993
"Palle", Studio Stefania Miscetti, Roma

1991
"Artae", Palazzo dei Congressi, Ferrara;
Circolo degli Artisti, Roma; Chiesa di San
Carpoforo, Milano. A cura di / curated by
Achille Bonito Oliva
"Nel più ampio cerchio: Angolazioni e
prospettive della visione nell'arte
contemporanea", Centro Museografico,

Taverna. A cura di / curated by Teodolinda
Coltellaro
"Pentagonale Plus", Richard De Marco
Gallery, Edimburgh

1990
"Via col vento: Artisti italiani contro
l'AIDS", Palazzo Re Enzo, Bologna. A cura
di / curated by Dario Trento

1989
"Grand Hotel", Studio E, Roma

1988
"Galleristi a Palazzo", Centro di Cultura
Ausoni, Roma
Marina Urbach Gallery, New York

1987
Jerry Marcus Smith, Dallas, Texas. A cura
di / curated by Jill Kornblee

1986
"Il Cangiante", Padiglione d'Arte
Contemporanea, Milano. A cura di /
curated by Corrado Levi
"New Polverone", Castello di Volpaia. A
cura di / curated by Corrado Levi
"Art Festival", Lancaster, Ohio. A cura di /
curated by Paul Wethington
"Studi d'Arte a Poppi", Castello dei Conti
Guidi Poppi, Poppi (AR). A cura di /
curated by Dario Trento
"Postscriptum Fibrebooks", Studio E,
Roma
"Art as Theater", Limbo Gallery, New York

1985
Asta per / Auction for 8BC, New York
Collaborazioni con / collaboration work
with Luis Frangella e / and David
Vojnarowicz, Kamikaze Club, New York
"Le rane di Galvani", Studio E, Roma
"Anni Ottanta", Museo di Arte Moderna,
Rimini. A cura di / curated by Renato
Barilli e / and Flavio Caroli
"The Non–Objective World", Kamikaze
Club, New York. A cura di / curated by
Stephen Westphall
"New York New Art", Vorpal Gallery, San

Francisco. A cura di / curated by
Catherine Golden
"Reccomendation Eighty-Five", Kamikaze
Club, New York. A cura di / curated by
Carlo McCormick
"Love Enigma", Limbo Gallery, New York

1984
"New York New", Studio Corrado Levi,
Milano. A cura di / curated by Manuela
Filiaci e Carlo McCormick
"Desde New York", Centro de Arte y
Comunicacion, Buenos Aires. A cura di /
curated by Luis Frangella
"Girls Night Out", Shuttle Theatre, New
York. A cura di / curated by Carlo
McCormick
"Artist Call", Rosa Esman Gallery, New York
Asta di Kamikaze Club per / Kamikaze
Club auction Limbo Lounge Gallery, New
York
"Public Works", in collaborazione con / in
collaboration with Luis Frangella, Limbo
Gallery, New York
"Artists for Limbo", Limbo Gallery, New
York

1983
"Hundred Artists' Hundred Postcard Sized
Original Projects", progetto di / project by
Mail Art, New York

1982
Vista Club 57, New York
"Gallery Artists'Choice", Gruenebaum
Gallery, New York
"Book Gatherings", New York

1981
"Whitney Counterweight 3", New York

2009
C. Levi, *È andata così: Cronaca critica
dell'arte 1970-2008*. Milano, Electa,
pp. 44, 86.
"Alla conquista della Grande Mela",
Corriere del Veneto, 26 febbraio /
February 26.

2006
R. Abate, "Manuela Filiaci: Divagazioni",
Metromorfosi, 10 gennaio / January 10.
"Songs replace gospels at Church in
Bodrum", *Turkish Daily News*, Istanbul,
31 luglio / July 31.
D. von Drathen, "Manuela Filiaci",
*Künstler. Kritisches Lexicon der
Gegenwartskunst*, 83, Monaco.

2007
N. Azara, *Paths: Real and Imagined*,
catalogo della mostra / exhibition
catalogue. Woodstock, N.Y., Byrdcliffe
Guild.
M. De Candia, "TrovaRoma",
La Repubblica, 22 novembre / Novembre 22.
M. De Leonardis, "Free Association, giochi
di colore, materie povere", *Exibart*,
19 dicembre / December 19.
L. De Sanctis, "Libresche divagazioni
di Manuela Filiaci", *La Repubblica*,
23 novembre / Novembre 23.
D.P. Quinn, *Exits and Entrances:
Producing Off-Broadway, Opera and
Beyond: 1981-2006*. New York,
Authorhouse, p. 26.

2006
A. Di Genova, "Percorsi d'arte", *Casa
Amica*, 53, febbraio / February.

2005
A. Dalle Vacche, "Scrolls, Boxes and Trees:
Manuela Filiaci's Work", *Art Journal*,
Artist Portfolio, inverno / Winter, 64, 4,
pp. 71-81.
M. Rossi, "Musica della Natura", *Il
Giornale di Vicenza*, 11 gennaio /
January 11.
A. Zevi, *Peripezie del dopoguerra nell'arte
italiana*. Milano, Einaudi, pp. 486-7, 489.

2004
T. Coltellaro, a cura di / ed., *Solitari
cantori dell'utopia*, catalogo della mostra /
exhibition catalogue. Lamezia Terme,
LibrAre.
M. De Candia, "Tutto è foglia", *La
Repubblica*, 19 novembre / November 19.
L. Ferraguti, "Mostre", *La Domenica di
Vicenza*, 27 novembre / November 27.
M. Sheffield, "Woodstock, New York
Outdoor Sculpture Exhibition", *Sculpture
Magazine*, 23, 4, maggio / May.

2003
A. Dalle Vacche, a cura di / ed., *The Visual
Turn: Classical Film Theory and Art
History*. New Jersey, Rutgers, illustrazione
di copertina / cover illustration: *The
Boxcase*, 2000.

2001
A. Dalle Vacche, "Manuela Filiaci at Kouros",
Art in America, 1 febbraio / February 1.

2000
J. Cappelli, "Ricchezza italoamericana",
America Oggi, 4, 6.
M. De Candia, a cura di / ed., *Anableps*,
catalogo della mostra / exhibition
catalogue, Studio Stefania Miscetti, Roma.

1997
K. Vail, *Connections and Disconnections*,
brochure della mostra / exhibition
brochure, Nuova Icona Venezia.

1996
I. Giannelli, a cura di / ed., *Collezionismo
a Torino*, catalogo della mostra /
exhibition catalogue. Milano, Charta.
A. Vettese, "Collezionisti all'italiana e alla
francese", *Il Sole 24 Ore*, 18 febbraio /
February 18.

1995
G. Cardazzo, *Art Space*, 1, n. 0.
C. McCormick, A.M. Sauzeau, *Pezzi
musicali*, catalogo della mostra /
exhibition catalogue, Studio Miscetti,
Roma.

1994
M. Judge, a cura di / ed., *Art into
Architecture*, catalogo della mostra /
exhibition catalogue, New York.

1992
J. Abramowicz, brochure della mostra /
exhibition brochure, Studio Cristofori,
Bologna.

1991
A.B. Oliva, a cura di / ed., *Artae*, catalogo
della mostra / exhibition catalogue.
Milano, Prearo.
T. Coltellaro, a cura di / ed., *Nel più ampio
cerchio: Angolazioni e prospettive della
visione dell'arte contemporanea*, catalogo
della mostra / exhibition catalogue.
Taverna (Cz), Silipo&Lucia editori.

1990
S. Casi, "L'avvenimento", *Anteprima*,
giugno / June.
M. Giardini, "Cuore d'artista", *La
Repubblica*, 16 giugno / June 16.

1989
A.M. Sauzeau, "Un porto franco della
pittura", *Il Manifesto*, 30 giugno / June 30.
R. Scuteri, *Fragili Architetture –
Architetture Fragili*, catalogo della mostra /
exhibition catalogue, Studio E, Roma.

1987
B. Jones, *Art and Artist*, dicembre /
December.

1986
R. Barilli, "Il gusto è cangiante", *Corriere
della Sera*, s.d.
E. Di Mauro, *Reporter*, 24 marzo / March 24.
E. Filippini, "Magnifici deliri", *La
Repubblica*, 11 settembre / September 11.
G. Glueck, "Through a Glass Brightly:
Artists' Creation abound in City's
Windows", *The New York Times*, 25 aprile /
April 25, sezione / section C, p. 1.
C. Levi, a cura di / ed., *Il Cangiante*,
catalogo della mostra / exhibition
catalogue, Padiglione d'Arte

Contemporanea. Milano, Nuova Prearo.
D. Trento, *Trasformazioni*, catalogo della
mostra / exhibition catalogue, "Studi d'arte
a Poppi", Arezzo.

1985
R. Barilli, F. Caroli, a cura di / eds., *Anni
Ottanta: Una mappa per gli anni Ottanta*,
catalogo della mostra / exhibition
catalogue. Milano, Mazzotta.
M. De Candia, "Le strutture elementari e
lo scontro sulla tela", *La Repubblica*,
18 ottobre / October 18.
R. Enriquez, e M.L. Agnese, *Panorama*,
9 giugno / June 9.
A. Morch, *San Francisco Examiner*,
20 maggio / May 20.
R. Warren, "Manuela Filiaci at Limbo", *Art
Magazine*, aprile / April.

1984
M. Angelus, *Viva Milano*, 27 settembre /
September 27.
M. Angelus, *Flash Art*, novembre /
November.
R. Bonfiglioli, *Il Resto del Carlino*,
17 ottobre / October 17.
G. Ciavoliello, *Juliet Art Magazine*,
novembre / November.
E. Muritti, *Il Giornale*, 30 settembre /
September 30.
P. Rinaldi, *Casa Vogue*, in *Gran Bazaar*,
novembre / November.
L. Somanini, *La Repubblica*, 6 ottobre /
October 6.

1982
S. Di Lauro, "Manuela Filiaci: The Nature
of Emotions and Dreams", *Attenzione*,
settembre / September.
G. Glueck, "Art: After 2 Years, 'Selected
Prints III'", *The New York Times*,
24 settembre / September 24, sezione /
section C, p. 21.
B. Ruhe, *Art Word*, estate / Summer.

1981
L. Cavallari, "Tra magico primario e
Transavanguardia", *Il Resto del Carlino*,
20 maggio / May 20.

Doris von Drathen
Biografia / Biography

Doris von Drathen è nata ad Amburgo e vive a Parigi. È una critica e storica dell'arte specializzata in saggi e libri monografici. Formatasi nella tradizione di Warburg, ha sviluppato un metodo orientato verso l'antropologia che ha presentato nella sua pubblicazione teorica *Vortex of Silence: A Proposition for an Art Criticism beyond Aesthetic Categories* (2004). I suoi studi monografici comprendono libri su Rebecca Horn, Pat Steir, Rui Chafes e Jannis Kounellis (in corso di pubblicazione) e saggi pubblicati in *Kunstforum* e *Künstler, Lexikon der Gegenwartskunst*. È stata guest professor all'Ecole des beaux arts di Parigi, all'Architectural Association di Londra, alla Cornell University Ithaca e attualmente insegna all'Ecole spéciale d´architecture di Parigi.

Doris von Drathen is an art historian and critic, born in Hamburg, based in Paris, specialized in monographic essays and books. Coming from the background of the Warburg tradition, she developed an anthropologically oriented method presented in her theoretical publication *Vortex of Silence: A Proposition for an Art Criticism beyond Aesthetic Categories* (2004). Her monographic studies include books on Rebecca Horn, Pat Steir, Rui Chafes, and Jannis Kounellis (in the process of being published) and essays appearing in *Kunstforum* and *Künstler, Lexikon der Gegenwartskunst*. She was guest professor at the Ecole des beaux arts in Paris, the Architectural Association in London, Cornell University Ithaca, and is currently teaching at the Ecole spéciale d´architecture in Paris.

Per saperne di più su Charta,
ed essere sempre aggiornato sulle novità,
entra in

To find out more about Charta,
and to learn about our most recent
publications, visit

www.chartaartbooks.it

Finito di stampare in maggio 2009
dalla Tipografia Rumor, Vicenza
per Edizioni Charta